세상을
섬기는
하늘시민

일러두기

· 본문에서 사용된 우리말 성경 중 따로 표기하지 않은 구절은 개역개정판 성경을 사용했습니다.
· 본문에 사용한 문장부호 중 『 』는 단행본, 「 」는 보고서, 《 》는 시리즈, 〈 〉는 프로젝트를 의미합니다.

건강한 교회 세우기 시리즈

실전편 4 :: 정치 참여

세상을 섬기는 하늘 시민

두 나라의 시민
어떻게 세상을 변화시키는가

한국교회 희망 프로젝트 기획
김지혜 엮음

크리스북스

추천사

그리스도인이란 하늘의 시민으로, 땅의 시민으로 살아가는 사람이다. 이 이중 정체성은 사회적 존재이자 정치적 존재인 그리스도인의 삶을 일깨워 준다. 그 삶은 사랑과 샬롬, 분별과 변혁이라는 선한 가치를 지향한다. 그러므로 그리스도인의 신앙은 정치와 함께하고, 이웃을 사랑하며 민주주의를 소중히 여긴다. 그 믿음은 다양한 삶의 가치와 연대하고, 혼란과 거짓 속에서도 끝내 진실을 분별해 낸다. 분명히 그렇다.

『세상을 섬기는 하늘 시민』, 이 책은 하나님 나라의 온전함을 소망하며 이 땅의 변혁을 기대하는 모든 그리스도인에게 꼭 필요한 책이다.

_고재길(장로회신학대학교 기독교와문화 교수)

민주주의는 공짜가 아니다. 우리가 보장받는 시민의 자유와 인간의 권리는 많은 이의 피와 눈물의 결실이다. 그리스도인 공동체가 정치 조직은 아니나, 삶의 현장에서 정치 공동체와 중첩된다. 이 책은 그리스도인이 민주 국가의 시민으로서 마땅히 써야 할 시간과 생각의 몫이 무엇인지 알리고, 그 책임을 실천으로 옮길 수 있는 구체적인 방법을 적절히 일러 준다.

민주주의는 가치 중립적이지 않으며, 기독교 신앙 또한 정치적으로 중립적이지 않다. 이 책은 최근 일부 교회가 드러낸 정치적 오류로 인해 위기에 빠진 전체 한국교회의 생존을 위한 필수 지침서라고 해도 과장이 아닐 것이다.

_김선욱(숭실대학교 철학과 명예교수)

교회와 그리스도인은 세상 한가운데서 산다. 예수님은 최후의 만찬과 십자가 처형 사이의 시간에 마지막으로 남기신 긴 말씀과 기도를 통해(요 17), 신앙 공동체의 현주소가 '세상', 곧 치열한 역사와 사회 한가운데라고 명확하게 말씀하셨다.

그리스도인은 하늘의 시민이지만 동시에 세상의 시민이다. 성경은 우리가 홀로 있지 않고 언제나 '관계' 속에 존재하는 사람임을 가르친다. 오늘날 한국교회와 성도들이 이 책을 통해, 두 나라 시민으로서 지녀야 할 사람의 본질과 사회적 현실, 교회의 존재 의미와 거룩한 소명을 깊이 성찰하기를 바란다.

_지형은(말씀삶공동체 성락성결교회 담임목사)

차례

추천사 • 4
서문 시작하며: 하나님 나라의 온전함을 향하여 • 8
이 책의 활용법 • 15

1장 · 두 시민권
    신앙과 정치의 경계에서 • 18

2장 · 사랑의 정치
    하나님 사랑과 이웃 사랑, 민주주의로 실현하기 • 36

3장 · 샬롬의 정치
    다양성 속의 연대 • 54

4장 · 분별의 정치
    탈진실 시대의 진리 찾기 • 72

5장 · 변혁의 정치
    다원주의 사회에서 세상을 변화시키기 • 90

맺음말 마치며·두 나라의 시민 선언문 • 112
함께 할 수 있는 활동 • 116
더 깊은 묵상을 위해 읽어보세요 • 142
주 • 150

서문

시작하며:
하나님 나라의 온전함을 향하여

✢ 교회에 희망이 있습니까?

한국교회는 20세기 후반부터 21세기 초반까지 폭발적인 성장을 이뤘습니다. 그런데 그런 한국교회가 위기를 맞고 있습니다. 내부적으로는 교인 수가 줄고 공동체성이 약화되며, 지나친 정치화로 교회 기구에 대한 불신이 늘고 있습니다. 외부적으로는 대사회적 공신력이 하락하고 부정적 이미지가 커지고 있습니다. 저는 이 모든 징후를 통틀어 **교회의 건강성 위기**라고 해석합니다. 이러한 위기는 일시적인 요인에 의한 것이 아닙니다. 한국교회가 이룬 폭발적인 성장의 후유증들을 외면한 결과입니다.

위기의 근본적인 원인은 **신앙**에 있습니다. 교회가 교회답지 못해서, 신앙인이 신앙인답지 못해서입니다. 그로 인해 '공공성이 부족한 교회'라는 비판을 받으며 당혹감과 열패감을 느끼는 것이 교회의 현실입니다. 신앙이 좋다는 것과 그리스도의 제자가 된다는 것의 인식과 도전이 부족했음을 깨닫습니다.

✣ 아직 희망은 있습니다!

한국교회는 여전히 역동성과 잠재력을 가지고 있습니다. 세계 선교에서도 한국교회는 여전히 중요한 위치이며, 수백만 신앙인이 예배와 봉사에 힘쓰고 있습니다. 무엇보다 우리에게는 이순신 장군의 '12척의 배'보다 훨씬 많은 자원을 '은혜의 선물'로 허락하신 주님이 오늘도 우리와 함께 하십니다.

우리는 이 풍성한 은혜Gabe를 허락하신 주님께 감사하며 그에 응답할 책무Aufgabe가 있습니다. 이제 위기를 직시하며 여러분과 함께 온전한 교회됨의 여정을 떠나고자 합니다.

✣ 우리의 비전: 하나님 나라를 향한 교회 바로 세우기

한국교회의 회복은 단편적인 노력으로 이루어지지 않습니다. 이에 엄중한 문제의식과 명료한 분석을 거쳐 교회가 건강성을 회복하고 하나님 나라의 온전함을 세워 가고자 〈한국교회 희망 프로젝트〉를 실행합니다.

- 〈한국교회 희망 프로젝트〉는 '신앙인 개인', '신앙 공동체', '시민 사회'가 하나님 나라 실현에 참여하는 주체가 되어야 함을 주장합니다.
- 특정 이념에 치우치지 않으며, 타인을 비판하기보다 '내 안의 들보'를 먼저 보고, 거룩한 분노를 사랑에 기초한 대안적 실천으로 이끄신 예수님의 태도를 본받으려 합니다.
- 현실을 객관적으로 분석하되, 이는 더 온전한 공동체를 만들기 위한 책임적 응답과 반성적 성찰로 이어져야 합니다.
- 신학뿐 아니라, 경제, 정치, 사회, 문화, 법률 등 다양한 영역과의 융합적 협력이 현장에서 작동하는 실천적 지혜로 이어져야 합니다.
- 좋은 신앙인 됨과 좋은 시민 됨을 연계하여 신앙과 신학, 교회의

• **건강한 교회의 세 차원** •

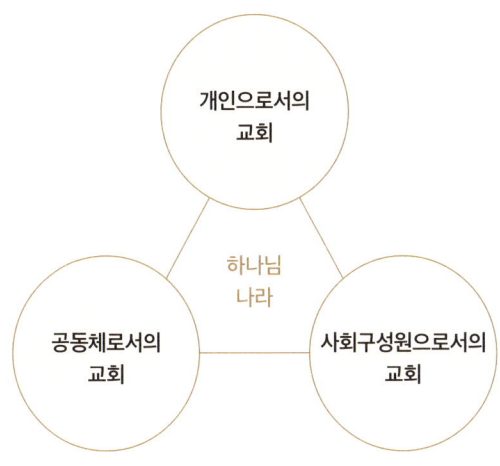

- 통전성을 지향합니다.
- 궁극적으로 사회적 차원에서 '공동선'Common Good을 기르려 합니다.
- 이를 통해 한국교회의 신뢰를 회복하고, 나아가 세계 교회와 국제사회에 이바지하는 선교적 섬김이 되기를 기대합니다.

이에 〈한국교회 희망 프로젝트〉는 《건강한 교회 세우기》 시리즈를 기획했습니다. 이 시리즈는 건강한 교회가 신앙인다운 신앙인 됨(신앙인 개인), 공동체로서의 교회됨(신앙 공동체), 지역적·사회적 기구(사회구성원)로서의 교회됨의 세 차원이 모두 건강하게 발전하고 유기적으로 연결되어야 함을 강조합니다.

《건강한 교회 세우기》시리즈의 이론편 『하나님 나라, 공동선, 교회』는 건강한 교회를 위한 신학적 기초와 「한국교회 건강성 분석 보고서」를 담아 이론적 이해를 정립하도록 합니다. 세 권의 실전편, 『나를 넘어서는 힘』(개인), 『하나님 나라를 품은 공동체』(공동체), 『세상의 선물이 되는 교회』(사회구성원)는 각각 교회의 세 차원을 건강하게 이루어가는 여정을 돕습니다.

✛ 성숙한 그리스도인의 공적 삶을 향하여

이번에 출간된 네 번째 실전편 『세상을 섬기는 하늘 시민』은 앞선 세 권의 실전편이 다룬 개인, 공동체, 사회구성원 차원의 성장을 종합하여, 성숙한 그리스도인이 세상 속에서 책임 있게 살아가는 길을 구체적으로 안내합니다.

정치적, 사회문화적으로 혼란이 깊어지는 상황에서 그리스도인이 세상 속에서 '하나님 나라의 시민'으로 살아가는 일은 무엇보다 중요합니다. 2025년 목회데이터연구소·문화선교연구원·한반도평화연구원이 공동으로 진행한 설문조사 〈기독교인의 정치문화와 지형 형성〉 및 특별포럼 '한국 개신교의 정치문화 지형 조사 발표와 함의'의 성찰은 이 책의 중요한 밑거름이 되었습니다.

당시 조사와 포럼에서, 문화선교연구원의 백광훈 원장님(을지대 교목), 한반도평화연구원의 조동준 원장님(서울대 정치외교학부 교수), 목회데이터연구소의 지용근 대표님과 김진양 부대표님의 연구와 조사, 한국기독교역사문화관의 안교성 관장님, 국민일보 김나래 부장님의 토론을 기반으로, 그 내용들을 문화선교연구원의 김지혜 책임연구원님이 교재 형식으로 엮었습니다. 서울대 박명규 사회학과 명예교수님, 조동준 원장님과 동경대 전여주 법과대학 전문강사님, 명지대 이창현 교육미션센터 연구교수님도 감수에 참여했습니다. 조영춘 목사님과 박덕현 목사님, 그리고 문화선교연구원 정일석 연구원님과 김유민 연구원님 등 각 단체의 실무자들을 포함해 많은 분들의 수고 덕분에 이 책은 《건강한 교회 세우기》 시리즈의 네 번째 실전편으로 이어질 수 있었습니다.

또한 연구와 출판을 위하여 기도와 물질 지원으로 도움을 준 분들과 교회들이 있습니다. 법무법인 율촌 우창록 명예회장님, 미니스토리에 속한 교회들과 목사님들께 감사의 인사를 드립니다.

한국교회의 희망은 하나님 나라를 향한 '온전한 신앙인', '온전한 교회 됨'에 달려 있습니다. 교회가 복음의 기준으로 스스로를 비판적으로 성찰하고 왜곡된 구조와 문제들을 바로잡을 때, 비로소 세상 속에서 증언할 힘을 회복하고 신뢰받는 공적 주체가 될 수 있습니다. 그리스도인의 건강한 정치 참여는 이 책임을 구체적으로 보여주는 방식이며, 이를 통해 교회는 이웃의 선에 기여하고 이 사회와 다음 세대에게 살아 있는 희망을 불어넣을 수 있습니다.

부디 이 책이 교회 안팎, 삶의 구석구석에서 하나님의 공의와 사랑, 평화를 겸손하게 실천하고자 고민하는 분들의 여정에 함께 할 수 있기를 소망합니다!

임성빈

이 책의 활용법

1. 혼자 읽어도 좋지만, 최소 두 사람 이상 참석하는 모임이나 교회 공동체에서 함께 읽고 나누기를 권합니다.

2. 이 책은 〈기독교인의 정치문화와 지형 조사〉 및 특별공동포럼 '한국 개신교의 정치문화 지형 조사 발표와 함의'의 내용을 이론적 배경으로 삼고 있습니다. 심도 깊은 이해를 원하시는 분은 QR코드를 통해 포럼 자료집을 다운로드 받으실 수 있습니다.

3. 모임에서 책을 사용할 경우 다음 몇 가지를 지켜 주시기 바랍니다.

인도자

- 인도자는 모임 상황에 따라 재량껏 분량을 조절하여 사용할 수 있습니다.
- 토론할 때 소외되는 사람이 없이 다양한 의견들이 어우러지도록 '중재자'가 되어주세요.

다함께

- 토의하며 이야기한 내용을 비밀로 지켜 주세요. 이 신뢰가 있어야 솔직하게 나눌 수 있습니다.
- 모두에게 이야기할 기회를 주세요. 골고루 논의에 참여할 때 서로에 대한 이해와 배움이 깊어질 것입니다.
- 다른 사람의 이야기에 귀 기울여 주세요. 나와 의견이 다르더라도 존중해 주세요.

이 책을 읽을 때 이 세상과 교회를 향한 하나님의 뜻과 비전을 발견하고, 우리의 신앙과 한국교회에 새로운 변화가 시작되기를 바랍니다.

1장

두 시민권

신앙과 정치의
경계에서

찬양
예수 하나님의 공의

여는 질문
그리스도인은 정치와 거리를 두어야 하나요?

한눈에 읽기
하나님 나라의 시민권과 대한민국의 시민권을 가진 '두 나라의 시민'은 '광장'(사회)과 '골방'(신앙) 사이에서 어떻게 존재해야 할까요? 신앙의 중심을 잃지 않으면서도 세상 속 책임을 외면하지 않는 방향을 모색합니다.

키워드
#이_땅을_섬기는_하나님의_청지기 #두_시민권 #신앙인의_정치_참여

두 시민권

신앙과
정치의 경계에서

"하나님이 그들에게 복을 주시며
하나님이 그들에게 이르시되 생육하고 번성하여
땅에 충만하라, (…) 모든 생물을 다스리라 하시니라"
창 1:28

✣ 정치와 신앙, 불편한 동거

"교회에서 정치 이야기하면 싸움 난다."

이 말처럼 많은 신앙인이 정치에 대해 말하기를 꺼립니다. '정치'라는 단어가 등장하는 순간, 분위기가 묘하게 바뀌곤 합니다. 어떤 성도는 신앙과 정치가 하늘과 땅처럼 분리되어야 한다고 믿습니다. 다른 사람은 교회가 세상의 불의에 침묵하는 것이 비겁하다며 분노합니다. 다음과 같이 말하는 이들도 있습니다.

"기독교인은 당연히 보수여야지."
"예수님이야말로 진보적 가치를 추구하셨어."

이처럼 신앙과 정치의 관계는 늘 '뜨거운 감자'였습니다. 이때 "그리스도인은 하나님 나라의 백성으로서, 이 세상 나라와 어떤 방식으로 관계를 맺어야 하는가?"가 핵심 질문입니다. 이 질문 앞에서, 우리는 두 가지 오해의 늪에 빠지기 쉽습니다. 하나는 '거룩한' 무관심이고, 다른 하나는 맹목적 정파성(이해관계나 이념에 따라 무리 짓고 행동하는 것)입니다.

✦ 돌봄의 명령과 공동선

중요하지만 혐오스러운
우리는 '참여'(돌봄)의 중요성을 말하지만, 현실적으로 '외면'을 택하는 경우가 많습니다. 목회데이터연구소·문화선교연구원·한반도평화연구원이 진행한 설문 〈기독교인의 정치문화 형성과 지형 조사〉 결과는 이 모순을 보여줍니다. '정치가 중요하다'라고 답한 기독교인이 거의 대부분(87.1%)이었지만 동시에 '정치를 혐오한다'라고 응답한 성도도 절반 가까이(48.8%)였습니다. 정치의 중요성을 알면서도 현실 정치에 대해서는 깊은 피로감과 불신을 느끼는 것입니다.

이 결과는 정치를 향한 우리의 태도를 되돌아보게 합니다. 우리는 왜 정치를 혐오하게 되었을까요? 그것은 정치가 권력 다툼의 장으로 변질되어, 본래 목적에서 벗어났기 때문입니다.

정치, 청지기적 돌봄과 책임

'정치'政治, politics라는 말은 한자로 '바르게 다스린다'라는 뜻을 지닙니다. 그 어원은 '폴리스'polis, 곧 공동체를 돌보는 일에서 비롯되었습니다. 철학자 아리스토텔레스는 "인간은 정치적 동물"이라고 했습니다. 이는 인간이 혼자 살아갈 수 없는 존재로, 다른 사람과 함께 살며 관계를 조율해야 함을 의미합니다. 그러므로 이 세상에서 공동체가 어떻게 함께 살

정치에 대한 인식 ('동의' 비율, %)

■ 성도　■ 목회자

- 나는 정치가 우리 생활에서 중요하다고 생각한다

87.1
96.3

- 나는 정치를 혐오한다

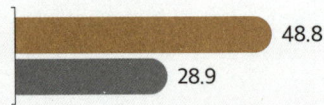

48.8
28.9

- 정치인은 사리사욕을 추구한다

88.7
93.5

목회데이터연구소·문화선교연구원·한반도평화연구원, '기독교인의 정치문화 형성과 지형 조사', 2025년 4월 8~25일 전국의 성인 교회 출석자 1,000명과 2025년 4월 9~10일 전국의 담임목사 500명 대상.

아갈지 고민하고 결정하는 공동의 노력이 정치입니다.

그리스도인이 정치에 관심 가져야 하는 근본적인 이유는 하나님의 첫 번째 명령에서 찾을 수 있습니다.

하나님이 그들에게 복을 주시며 하나님이 그들에게 이르시되 생육하고 번성하여 땅에 충만하라, (…) **모든 생물을 다스리라** 하시니라(창세기 1:28).

여호와 하나님이 그 사람을 이끌어 에덴 동산에 두어 **그것을 경작하며 지키게 하시고**(창세기 2:15)

하나님이 명령하신 '다스림'의 본질은 군림이 아니라 '청지기적 돌봄'Stewardship입니다. 우리는 이 땅의 주인이신 하나님의 뜻에 따라 이 세상을 '경작하고 지키는 책임'을 맡은 청지기입니다.

이것은 마치 담임선생님이 반장에게 학급비를 맡기며 "모두를 위해 사용하라."고 당부하신 것과 같습니다. 어떤 학생은 "반장이 알아서 하겠지."라며 외면하고(무관심), 다른 학생은 "우리끼리 쓰자."라며 이익을 좇습니다(정파성). 그러나 '청지기' 학생은 돈의 씀씀이를 모두에게 투명하게 공개하고, "다 같이 쓸 학급 물품과 아픈 친구의 병문안 선물을 사자."고 제안합니다. 이것이 바로 공동선을 향한 정치 참여입니다.

흔히 '정치'를 정치인만의 영역으로 여기거나 선거에서 투표하는 것 정도로만 생각하기 쉽지만, 사실 우리는 매일 '정치 속'에 살고 있습니다. 가정과 교회, 일터 등에서 결정을 조율할 때 우리는 자원과 책임을 나누며 **모두의 유익**(공동선, Common Good)을 고민합니다.

또한 성경은 '넘어진 사람을 일으켜 함께 가는 일', 곧 이웃을 살리는 책임을 말합니다.

> 두 사람이 한 사람보다 나음은 그들이 수고함으로 좋은 상을 얻을 것임이라 혹시 그들이 넘어지면 하나가 그 동무를 붙들어 일으키려니와(전도서 4:9-10a)

결국 정치란 '누가 힘이 센가?'를 겨루는 권력 다툼이 아니라, 이웃의 삶을 지탱하고 공동체를 건강하게 만드는 구체적 활동입니다.

정치의 주요 기능

- 질서(규칙) 법과 제도 등 공정한 규칙을 만들고 지키게 하는 일
- 나눔(분배) 복지, 의료, 교육 등을 통해 기본적인 삶에 필요한 자원을 고르게 나누는 일
- 조정(조율) 서로 다른 이해관계를 조율하고 현실적 해결책을 찾아 사회 통합을 이루는 일
- 운영(행정) 제도와 예산을 관리해 공동체를 안정적으로 유지하는 일

이와 같이 규칙을 세우고 자원을 나누며, 의견 차이를 조율하고 공동체를 운영하는 모든 과정이, 우리가 매일 마주하는 정치의 영역이자 모두의 행복과 지속 가능한 미래를 위해 하나님이 맡기신 이웃 돌봄의 책임을 실천하는 자리입니다.

정치 안에는 '공동체를 돌보라'는 하나님의 거룩한 부르심이 담겨 있습니다. 성경은 우리가 홀로 살아갈 수 없으며, 서로를 돌볼 때 참된 만족과 유익을 누린다고 말씀합니다. 그 사명을 외면하면, 그 빈자리를 탐욕과 폭력, 갈등이 채우게 됩니다. 정치에 참여하고 공동체를 돌보는 일은 단순한 의무가 아니라 하나님의 형상으로 지음 받은 인간으로서 깊은 기쁨과 충만을 경험할 수 있는 길입니다.

✤ 그리스도인과 교회의 정치 참여에 대한 오해

첫 번째 오해: 그리스도인과 교회는 '거룩한 일'에만 힘써야 한다?

"정교분리 원칙에 따르면, 교회는 예배와 선교 같은 '거룩한 일'에만 힘써야 합니다."

그러나 이 말처럼 많은 그리스도인이 신앙과 정치가 무관하며, 정치에 거리를 둬야 한다고 생각합니다. 그런데 '정교분리'政敎分離의 본래 뜻은 "국가가 교회를 지배하지 않고, 교회도 국가 권력을 장악하지 않는다."는 상호 권력 분리의 원칙입니다. 이는 신앙의 자유와 교회의 순수성을 지키기 위한 '보호막'이었지, 세상의 아픔에 참여하지 않아도 되는 '도피처'가 아닙니다. "우리는 복음만 전한다."는 말이 때로 현실의 불의를 외면하는 침묵이 될 수도 있습니다.

오직 정의를 물 같이, 공의를 마르지 않는 강 같이 흐르게 할지어다(아모스 5:24).

두 번째 오해: 정치 참여하는 교회는 '정파적'이다?

교회가 청지기적 책임으로 정치사회 문제에 목소리를 내면, 이런 비난이 들릴 때도 있습니다.

"왜 교회가 '정치'를 합니까?"

이 질문에는 하나님 나라의 정의와 공동선을 말하는 교회의 공적 참여를, 특정 정치 세력의 편에 서는 '정파적 활동'과 동일시하는 오해가 깔려 있습니다. 우리는 '정파성'을 경계하면서도 복음의 가치에 따라 모두의 유익을 말하는

'공적 책임'을 감당해야 합니다. 둘을 가르는 기준은 '어떤 가치에 기대어, 어떤 방식으로 참여하느냐'입니다.

교회가 특정 정당의 구호나 진영 논리를 그대로 사용하면 정파성의 함정에 빠지기 쉽습니다. 특정 정치인이나 이념, 세력을 무조건적으로 옹호하거나 비판하는 태도, 한 가지 이슈에만 몰두하는 것은 시야를 좁히고 교회의 공적 증언의 힘을 약화시킬 수 있습니다.

✣ 하나님 나라 시민이자 이 땅의 시민으로 살아가기

그렇다면 이 무관심과 정파성이라는 양극단을 피할 수 있는 그리스도인과 교회의 올바른 정치 참여 방법은 무엇일까요?

사도 바울은 그리스도인의 정체성을 이렇게 선언합니다.

그러나 우리의 시민권은 하늘에 있는지라(빌립보서 3:20a).

이 말씀은 "우리는 천국 갈 사람이니 이 땅의 일은 상관

없다."라는 현실 도피의 근거가 아닙니다. 오히려 정반대입니다. 그리스도인이 '**두 개의 시민권**'Dual Citizenship을 가진 존재임을 의미합니다. 그리스도인은 두 나라의 시민으로서 책무를 동시에 감당해야 합니다.

이 둘은 분리되지 않습니다. 이 이중적 정체성은 우리가 흔히 빠지기 쉬운 두 가지 오해를 극복할 길을 열어줍니다.

- **무관심 극복(이 땅의 시민)** 우리는 대한민국(혹은 각자가 속한 나라)의 시민입니다. 법을 지키고, 세금을 내며, 이 사회의 공동선을 위해 책임 있게 참여해야 합니다. 정치를 외면하지 않는 것이 청지기의 책무입니다(창세기 2:15).
- **정파성 극복(하늘의 시민)** 동시에 우리는 하늘 시민(하나님 나라의 시민)입니다. 그리스도인의 궁극적 충성의 대상은 오직 하나님 한 분입니다. 따라서 그 어떤 정당이나 권력도 하나님 나라와 동일시하지 않으며, 하나님 나라의 가치로 세상을 비판적으로 성찰합니다.

예수님의 길, 그리스도인의 길

예수님의 말씀과 삶은 철저히 공적Public이었습니다. 예수님은 로마에 대항하는 열심당원도, 로마에 협력하는 헤롯 당원도 아니셨습니다. 그러나 "하늘의 뜻이 땅에서도 이루어지이다."(마태복음 6:10)라는 주님의 기도는 하늘과 땅, 예배와 삶, 믿음과 정치가 분리될 수 없다는 의미가 담겨 있습니다.

- **나눔(분배)** 굶주린 자를 먹이시고 병든 자를 고치시며 필요를 채우셨습니다.
- **화해(조정)** 죄인과 세리, 이방인과 식사하시며 단절된 관계를 회복시키셨습니다.
- **기준(질서)** 율법주의와 위선에 맞서 '사랑과 정의'라는 새로운 하나님 나라의 기준을 세우셨습니다.

그러므로 교회는 어느 진영에 종속되기보다, 예수님이 보여주신 그 길을 따라 사회 속에서 하나님 나라의 기준(정의와 사랑, 평화와 생명)을 분별하고 증언해야 합니다. 이 기준은 다음과 같은 모습으로 나타납니다.

- **정의** 모든 인간, 특히 약자의 권리를 보호하고 사회적 불공정을 바로잡는 일(아모스 5:24)

- **사랑** 비난과 차별, 소외 대신 모두 함께 살아갈 기반을 만드는 일(마태복음 22:39)
- **평화** 분열과 갈등을 줄이고 대화와 화해로 공존을 이루는 일(마태복음 5:9)
- **생명** 창조 세계 보존과 미래 세대의 지속 가능한 삶을 위해 책임 있는 행동을 하는 일(창세기 1:28; 2:15)

이제 신앙인은 이렇게 물어야 합니다.

"나는 하늘(하나님 나라)의 시민이자 이 땅의 시민으로서, 이 땅의 법과 제도 안에서 하나님 나라의 가치를 어떻게 드러낼 것인가?"

우리의 소명은 '가이사의 것'(세금, 시민의 의무 등)을 가이사에게 바치는 것에서 끝나지 않습니다. 우리는 '하나님의 것'(하나님의 형상대로 지음받은 모든 생명과 피조세계)을 돌보며, 이 땅의 '가이사'(권력과 제도)가 불의할 때 질문하고 바로잡으며 책임을 다하는 청지기들이어야 합니다.

묵상과 토론을 위한 질문

- ✦ '정치'에 대한 부정적인 감정(혐오감, 무력감 등)과, 정치가 '하나님이 맡기신 세상을 돌보는 청지기의 책임'이라는 두 입장 사이의 간극을 어떻게 메울 수 있을까요?

- ✦ 그리스도인이 빠지기 쉬운 두 가지 함정으로 '무관심'(정교분리의 오해)과 '정파성'(정치 참여의 오해)이 있습니다. 나는 어느 쪽에 더 빠지기 쉬운가요? 그 이유도 나눠주세요.

- ✦ 바울은 우리의 시민권이 하늘에 있다고 했습니다(빌립보서 3:20). 그러나 동시에 우리는 대한민국 국민입니다. 두 시민권이 충돌한다고 느꼈던 경험이 있다면 나눠봅시다.

- ✦ '넘어진 사람을 일으켜 함께 가는 일'이 정치의 본질(공동선)이라면, 이번 주 내가 속한 공동체(가정, 직장, 교회, 학교 등)에서 내가 일으켜 세울 수 있는 '넘어진 이웃'은 누구이며, 구체적인 실천은 무엇일까요?

▶ 청지기의 겨자씨 심기

하나님 나라의 시민과 이 땅의 시민으로서 청지기적 돌봄의 사명을 일상에서 실천해 봅시다. 둘 중 하나를 선택해 박스에 체크(☑)하고 실천해 보세요.

☐ '정보 청지기' 실천하기

시군구청 또는 지역 공공기관 홈페이지나 지역 소식지를 방문해 "지금 우리 동네에서 논의되는 공적 이슈(예: 복지사업, 지역축제, 공사/개발, 예산 등)가 무엇인지 한 가지 확인하고 그것을 위해 기도합니다.

☐ '시스템 청지기' 실천하기

개선이 필요한 우리 동네 공공시설(예: 깜빡이는 가로등, 망가진 어린이 놀이시설 등) 한 개를 찾아 '안전신문고' 앱이나 주민센터에 신고합니다.

▶ 함께 기도합니다

온 세상의 주인이신 하나님, 우리를 하나님 나라의 시민으로 부르시고 이 땅에 보내셔서 세상의 질서와 삶을 돌보게 하셨습니다. 권력보다 섬김을, 이익보다 진리를 따르게 하시며, 흔들리는 걸음에도 지혜와 용기를 더하사 가정과 일터, 이 사회 속에 하나님의 정의와 사랑, 평화와 생명이 강물처럼 흐르게 하옵소서. 예수님의 이름으로 기도합니다. 아멘.

2장

사랑의 정치

하나님 사랑과 이웃 사랑, 민주주의로 실현하기

찬양

그가 다스리는 그의 나라에서

여는 질문

하나님 나라의 시민으로서 '하나님 사랑', 이 땅의 시민으로서 '애국'이 충돌하는 경우가 있을까요?

한눈에 읽기

혐오와 분열의 언어가 넘쳐나는 오늘의 시대에, 어떻게 하나님 나라의 가치를 민주주의 안에서 '사랑의 정치'로 구현할 수 있을지 묻습니다.

키워드

#하나님나라와_민주주의 #연속성과_불연속성 #시민참여 #공동선

사랑의 정치

하나님 사랑과 이웃 사랑, 민주주의로 실현하기

> "나라가 임하시오며
> 뜻이 하늘에서 이루어진 것 같이
> 땅에서도 이루어지이다"
>
> 마 6:10

❋ '거룩'을 위한 열심, '화목'을 위한 사랑

ㄱ아파트와 ㄴ아파트가 있었습니다. 두 아파트의 신임 입주자 대표는 모두 신실한 기독교인입니다. ㄱ아파트의 김 대표는 '하나님의 영광'을 드러내는 데 열심이었습니다. 그는 "우리 아파트를 '거룩한 아파트'로 만들겠습니다!"라고 선포했습니다. 가장 먼저 광장 한가운데에 큰 십자가 조형물

을 세우는 안건을 올리고, 안내 방송으로 찬송가와 CCM만 틀기 시작했습니다. 공동체 기금으로 아파트 상가의 기독교 서점만 지원한다고 주장했습니다.

결과는 어땠을까요? 아파트 주민들 사이에 큰 싸움이 났습니다. 불교 신자인 이웃, 종교가 없는 이웃들이 항의했습니다. 김 대표는 "하나님의 일을 반대하는 것이냐?"며 맞섰습니다. 그 사이 고장 난 놀이터 그네와 어두운 지하 주차장 전등 문제는 아무도 돌보지 않아 방치되었습니다.

ㄴ아파트의 박 대표도 하나님을 깊이 사랑합니다. 그는 '하나님이 맡기신 이웃들을 어떻게 사랑으로 섬길까?'를 먼저 고민했습니다. 아이들이 다치지 않게 놀이터 바닥을 푹신하게 바꾸고, 늦게 귀가하는 주민들이 안전하게 다닐 수 있도록 가로등 전등을 LED로 교체했습니다. 추위와 더위에 고생하는 경비원의 휴게실에 냉난방기를 설치했습니다. 결과는 어땠을까요? ㄴ아파트는 모든 주민이 살기 좋고 안전하며 서로 존중하는 '화목한 아파트'가 되었습니다.

우리는 어떤 모습과 더 가까운가요?

그리스도인에게는 두 가지 사랑이 있습니다. 하나는 하

나님을 향한 사랑이고, 다른 하나는 이 땅과 나라를 향한 애정입니다. 때로 이 두 사랑은 고민하게 합니다.

"어떤 후보, 어떤 정책이 하나님의 뜻에 합할까?"
"그리스도인으로서 이 문제를 어떻게 바라봐야 할까?"

두 사랑이 충돌하는 것처럼 보일 때, 새로운 지혜가 필요합니다.

✢ '우리 민족만' 특별하다는 유혹

역사를 돌아보면 이 두 사랑이 위험하게 뒤섞이는 경우도 있었습니다. 나라에 대한 열정이 하나님보다 우선시되거나, 이 세상을 향한 하나님의 뜻을 나라 사랑과 동일시했던 것입니다. 이를 '기독교 민족주의'라고 부릅니다.

"우리는 하나님이 택하신 특별한 민족이야."라는 믿음, "하나님께서 우리나라를 통해 뜻을 이루실 거야."라는 확신은 겉보기에 무척 경건해 보입니다. 그러나 기독교 민족주의에는 함정이 있습니다. 하나님이 '모든 민족'의 주님이심을 잊게 만드는 것입니다. 심지어 정치적 욕심을 이루기 위해 하나님의 이름을 이용하기도 합니다. 그 결과 다른 민족이나 종교, 정치적 입장을 '하나님의 적'으로 규정하게 됩니다. 그러나 하나님 나라는 혈통이나 국가의 경계, '우리'라는 울타리를 뛰어넘습니다.

구약 시대 이스라엘 백성들도 같은 실수를 했습니다. 하나님이 선택하신 백성(선민)이라는 신념에 안주하며, 우월감에 사로잡혔습니다. 그래서 예레미야는 "이것이 여호와의 성전이라, 여호와의 성전이라, 여호와의 성전이라 하는 거짓말을 믿지 말라."(예레미야 7:4)고 외쳤습니다.

베드로 역시 유대인 그리스도인의 특권의식을 깨뜨리며 단호히 선언했습니다.

> 베드로가 입을 열어 말하되 내가 참으로 하나님은 사람의 외모를 보지 아니하시고 각 나라 중 하나님을 경외하며 의를 행하는 사람은 다 받으시는 줄 깨달았도다(사도행전 10:34-35).

안타깝게도 인류 역사에는 이 유혹에 빠진 어두운 그림자가 많습니다. 나치 독일의 많은 기독교인이 히틀러를 '하나님이 보내신 지도자'라고 따르며 유대인 학살에 침묵·동조했습니다. 남아공의 백인 교회들은 끔찍한 인종차별(아파르트헤이트)을 '하나님의 질서'로 정당화했습니다. 이러한 사례는 하나님의 이름으로 특정 민족이나 이념을 무조건 옳다고 할 때 어떤 왜곡이 생길 수 있는지 보여줍니다.

이런 생각은 국가를 하나님 나라와 동일시하면서, 사회를 기독교화하려는 '크리스텐덤'(기독교 국가주의) 운동으로 이어지기도 합니다. 교회가 힘과 제도를 통해 하나님 나라를 이 땅에 세우려고 했던 시도들은, 안타깝게도 정치 권력과 결탁하면서 본래의 정신에서 멀어지곤 했습니다. 교회 역시 인간의 한계 안에 있기 때문입니다.

그렇다면 한국의 그리스도인들은 이 문제를 어떻게 생각하고 있을까요? 〈기독교인의 정치문화 형성과 지형 조사〉에 따르면, '우리나라를 기독교 국가로 만들어야 한다'라는 주장에 대해 찬성보다 반대 의견이 많았습니다. 각각의 이유는 다음과 같습니다.

반대 이유	찬성 이유
• 기독교가 정치 도구화될 수 있어서(48.8%) • 다른 종교인들의 자유를 침해하므로(28%)	• 성경적 가치관에 따른 법과 제도를 만들 수 있어서(41.1%) • 교회와 국가가 협력하여 사회 발전을 이룰 수 있으므로(39.6%)

이 결과는 한국교회가 기독교 민족주의의 함정을 어느 정도 경계하면서 신앙과 정치의 건전한 관계에 대해 고민하고 있음을 드러냅니다. 그렇다면 우리는 이 고민을 어떻게 풀어가야 할까요?

✣ 하나님 사랑과 나라 사랑, 그 사이의 이웃 사랑

하나님을 사랑한다고 해서 나라를 사랑하지 못하는 것은 아닙니다. 문제는 두 사랑을 구분하지 못하는 데 있습니다.

1. **하나님 사랑**은 절대적 충성이어야 합니다. 예수님은 하나님 나라가 가까이 왔다고 선포하시며, 이 세상에 희망

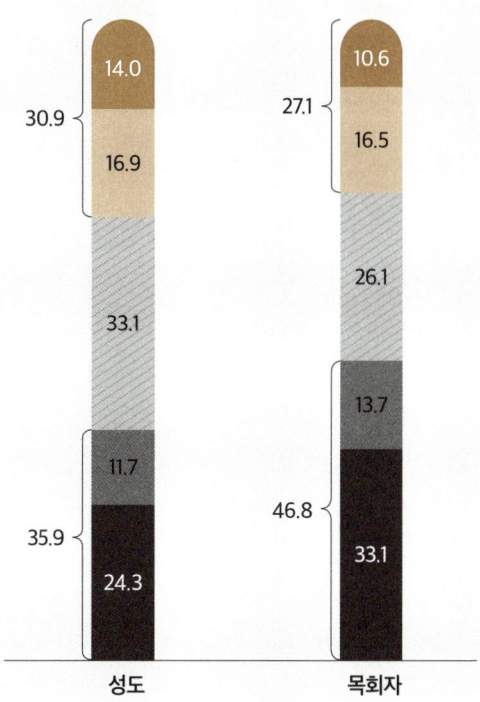

을 주시는 새로운 차원의 이야기를 들려주셨습니다.

이르시되 때가 찼고 하나님의 나라가 가까이 왔으니 회개하고 복음을 믿으라 하시더라(마가복음 1:15).

동시에 예수님은 하나님 나라가 이 세상의 나라와 다르다고 말씀하시며, 어떤 국가 체제 안에도 갇힐 수 없음을 분명히 하셨습니다.

예수께서 대답하시되 내 나라는 이 세상에 속한 것이 아니니라(요한복음 18:36a).

하나님 나라는 모든 민족과 국경을 넘어서는 것입니다. 그렇다고 해서 이 세상과 무관하게 저 멀리 있는 '하늘나라'를 의미하는 것은 아닙니다. 오히려 그것은 이 땅에서 시작되는 새로운 질서와 정의, 공동체의 선포입니다.

2. **나라 사랑**은 상대적 충성이어야 합니다. 우리는 대한민국을 사랑하지만, 이 땅의 어떤 정부나 정치인도, 어떤 제

도나 정치적 결정도 완벽할 수는 없습니다. 그러므로 민주주의 사회에서 그리스도인은 특정 정치 이념이나 정당, 정치인을 무조건적으로 신뢰하기보다 상황과 사안마다 '무엇이 더 하나님 나라의 가치에 가까운가?'를 분별하며 참여해야 합니다.

나라 사랑은 **모든 사람**을 위해 '더 좋은 나라', '더 정의로운 나라', 궁극적으로 '하나님 나라를 닮아가기'를 바라는 데서 출발해야 합니다. 이를 위해 예수님은 우리에게 놀라운 지혜를 주셨습니다.

> 이에 예수께서 이르시되 가이사의 것은 가이사에게, 하나님의 것은 하나님께 바치라 하시니(마가복음 12:17a)

이 말씀은 하나님 사랑과 나라 사랑의 균형을 잘 보여줍니다. 우리는 하나님 나라의 시민으로서 하나님께 흔들리지 않는 절대적 충성을 드리지만, 동시에 이 땅의 시민으로서 세금, 투표, 법 준수와 같은 책임을 져야 합니다.

3. 하나님 사랑과 나라 사랑을 연결하는 가장 현실적인

다리는 **이웃 사랑**입니다.

예수께서 이르시되 네 마음을 다하고 목숨을 다하고 뜻을 다하여 주 너의 하나님을 사랑하라 하셨으니 이것이 크고 첫째 되는 계명이요 둘째도 그와 같으니 네 이웃을 네 자신 같이 사랑하라 하셨으니(마태복음 22:37-39)

예수님은 하나님 사랑과 이웃 사랑이 본질적으로 하나임을 가르치셨습니다. 하나님을 온 마음과 목숨과 뜻을 다해 사랑하는 것이 곧 이웃을 내 몸처럼 사랑하는 구체적 실천으로 나타난다는 것입니다. 그리고 선한 사마리아인의 비유에서 '진정한 이웃'은 같은 민족도, 거룩한 직분의 제사장과 레위인도 아닌 고통 받는 타인에게 "자비를 베푼 자"라고 하셨습니다(누가복음 10:25-37).

> 자녀들아 우리가 말과 혀로만 사랑하지 말고 **행함과 진실함**으로 하자(요한일서 3:18).

하나님을 사랑하고 우리나라를 사랑한다는 것은, 내 곁에서 고통받는 이웃을 돌아보는 구체적인 사랑, 내 곁에 있는 한 사람 한 사람의 행복과 안전, 평안을 바라는 마음에서 시작됩니다. "말과 혀"로만 나라를 사랑하는 것이 아니라 "행함과 진실함"으로 우리의 이웃을 돌보는 것입니다.

✛ 사랑의 정치, 민주주의와 공동선

그렇다면 이 '이웃 사랑'을 정치 영역에서 어떻게 실천할 수 있을까요? 하나님은 우리에게 '민주주의'라는 소중한 도구를 주셨습니다.

"대한민국의 주권은 국민에게 있으며, 모든 권력은 국민으로부터 나온다"(헌법 제1조 2항).

이 헌법 조항은 단순한 정치적 선언이 아닙니다. 이는 "하나님의 형상대로 지음받은 모든 사람은 똑같이 존엄하다."라는 신앙 고백과 맞닿아 있습니다.

민주주의는 완벽한 제도가 아니지만, 하나님 나라의 정의와 평화, 사랑과 생명이 이 땅에서 부분적으로 드러나는 방식입니다. *1.* 국민의 참여와 책임 가운데(국민 주권) *2.* 권력이 한 사람에게 집중되는 것을 막고(삼권 분립), *3.* 모든 사람의 기본 권리를 지켜주며(기본권 보장), *4.* 나만의 이익이 아니라 모두를 위한 '공동선'을 이야기할 수 있게 해줍니다.

초대교회는 이미 아름다운 민주적 소통의 모델을 보여주었습니다. 사도행전 15장을 보면, 이방인 성도들의 할례 문제로 교회 안에 큰 논쟁이 벌어졌습니다. 이때 베드로나 야고보 같은 지도자 한 사람이 독단적으로 결정하지 않았습니다. 시간이 걸리더라도 함께 모여 각자의 의견을 나누고, 성령의 인도하심을 구하며, 성경의 가르침을 살폈습니다.

그 결과 모두가 기쁜 마음으로 고개를 끄덕일 수 있었습니다. 여기에는 일방적인 주장도, 상대방에 대한 무시나 강압도 없었습니다. 오직 하나님의 뜻을 찾고자 하는 겸손한 마음과 공동체를 향한 사랑만이 있었습니다.

사람아 주께서 선한 것이 무엇임을 네게 보이셨나니 여호와께서 네게 구하시는 것은 오직 정의를 행하며 인자를 사랑하며 겸손하게 네 하나님과 함께 행하는 것이 아니냐(미가 6:8).

민주주의는 바로 이 '정의'와 '사랑', 하나님과의 동행을 '겸손하게' '함께' 이루어 가도록 돕는 제도적 장치입니다.

정치가 분열과 증오의 언어로 흐를 때, 우리에게는 새로운 정치 문법, 바로 '사랑의 정치'가 필요합니다. 이는 '우리만 옳다'거나 '우리 교회만', '우리나라만' 특별하다는 배타적인 생각을 넘어서게 합니다. 동시에 나의 이익을 넘어 **'모두가 함께 잘 사는 길'**(공동선)을 고민하게 합니다.

하나님 나라 시민이자 대한민국 시민으로서 우리는 하

나님 사랑을, 민주주의를 통해 이웃을 섬기는 책임으로 실천해야 합니다. 이 두 시민권을 조화롭게 살아내는 것이야말로 "뜻이 하늘에서 이루어진 것 같이 땅에서도 이루어지이다."라는 주님의 기도를 이 땅에 살아내는 성숙한 그리스도인의 모습입니다.

묵상과 토론을 위한 질문

- 여러분에게 하나님 사랑과 나라 사랑은 어떻게 다른가요? 두 가지 사랑 사이에서 고민했던 경험이 있다면 나눠 봅시다.
- '하나님의 이름'으로 신앙적, 정치적 입장이나 우리 공동체(교회, 국가)가 무조건 옳다고 여기며 다른 이들을 배제하는 기독교 민족주의의 위험한 징후들을 경험한 적이 있나요? 그것을 어떻게 극복할 수 있을까요?
- 예루살렘 공의회(사도행전 15) 사건에서 오늘 우리 교회와 사회가 배워야 할 점은 무엇일까요?
- 사랑의 정치를 회복하기 위해 나와 우리 공동체는 무엇을 실천할 수 있을까요?

▶ 사랑의 겨자씨 심기

이웃을 향한 공적 사랑을 실천해 봅시다. 둘 중 하나를 선택해 박스에 체크(✓)하고 행동해 보세요.

☐ '공적 이웃' 알기

나의 '공적 이웃'인 우리 동네 지역구 의원(구의원/시의원 등)의 이름과 얼굴을 검색해 봅니다. 그가 정치의 영역에서 이웃 사랑을 실천할 수 있도록 기도합시다.

☐ '구조적 사랑' 실천하기

내가 속한 공동체(아파트, 교회, 일터 등) 경비원/미화원분들의 휴게 공간이 잘 보장되어 있는지 관심을 두고 살펴봅니다.

▶ 함께 기도합니다

사랑의 하나님, 하나님 사랑과 나라 사랑이 조화를 이루어, 주님을 사랑하는 마음이 이웃 사랑으로 드러나고, 이웃을 향한 돌봄을 통하여 나라 사랑의 열매가 맺히게 하여 주소서. 하늘의 뜻이 이 땅에서 이루어지기를 간구하며, 우리를 그 아름다운 꿈을 현실로 만들어가는 사랑의 일꾼으로 빚어주옵소서. 예수님의 이름으로 기도합니다. 아멘.

3장

샬롬의 정치

다양성 속의 연대

찬양

함께 지어져 가네

여는 질문

이웃과 어떻게 지내시나요? 혹시 주차나 분리수거, 지역 복지 등 이웃 간에 의견이 다른 부분이 있지는 않나요?

한눈에 읽기

진영 논리와 갈등, 분열을 넘어 정치적·문화적 다양성이 공존하는 '샬롬의 정치'를 어떻게 이뤄갈 수 있을지 탐구합니다.

키워드

#정치적 다양성 #자유 #경청 #하나_됨 #협력 #샬롬

◦ 샬롬의 정치 ◦

다양성 속의 연대

"몸은 하나인데 많은 지체가 있고
몸의 지체가 많으나 한 몸임과 같이
그리스도도 그러하니라"

고전 12:12

✢ 생각은 달라도 우리는 한 편

한 교회에서 두 사람이 서로 다른 정치적 지향을 이유로 상대를 비난하는 일이 있었습니다. 결국 한 모임에서 말다툼이 벌어졌습니다. 담임목사님은 두 사람을 따로 불러 이야기했습니다. "두 분은 같은 팀 아닙니까? 이 나라와 교회를 사랑하고 잘되기를 바란다는 점에서요."

두 사람은 겸연쩍은 미소를 지으며 "그건 그렇죠."라고 답했습니다. 그날 이후 두 사람은 "우리 동네를 더 살기 좋게 만들고, 도움이 필요한 이웃을 위해 우리 교회는 무엇을 해야 할까?"를 함께 이야기하기 시작했습니다. 이 단순한 변화가 교회의 분위기를 완전히 바꿔놓았습니다. 날카롭게 다른 의견이 부딪치던 자리가 공동선을 향한 대화의 자리로 변했기 때문입니다.

✛ 다원주의 사회에서 기독교인이 빠지기 쉬운 함정

현대 사회는 다양한 정치적 견해와 가치관이 공존하는 다원주의 사회로, 민주주의는 이러한 차이들을 억압하지 않습니다. 오히려 넓은 마당에서 자유롭게 이야기하고 함께 결정할 수 있는 '공적 공간'(광장)을 열어줍니다. 하지만 우리는 이 광장에서 종종 길을 잃습니다. 여러 갈림길에서 기독교인들은 주로 세 가지 방식으로 대응하곤 합니다.

1. 정치권력을 통한 회복 추구

어떤 이들은 세속화와 도덕적 쇠퇴에 주목합니다. 정치적 힘을 통해 이를 변화시키고자 하지만, 그 열망이 때로 대립과 정복의 언어로 나타나 반감을 초래하기도 합니다.

2. 사회 정의 실현 추구

어떤 이들은 약자를 위한 정의와 평등을 최우선으로 삼습니다. 이들은 정치권력에 의한 회복 추구가 신앙의 본질을 흐린다고 비판하지만, 자신들 역시 다른 방식의 권력 논리에 갇히기 쉽습니다.

3. 세상과 분리된 공동체 추구

또 다른 이들은 세상 정치에 실망하여, 국가를 불신하고 거리를 둡니다. 이들은 신앙 공동체의 순수성과 평화가 최우선 과제라고 여기지만, 자신들만의 성에 갇힐 위험이 있습니다.

세 가지 길은 모두 한계가 있습니다. 다양한 의견이 모이고 때로 부딪히는 광장에 필요한 것은 화평의 중재자, 즉 '샬롬의 정치'입니다.

✣ 불협화음을 넘어 경청의 '광장'으로

어느 교회에 '샬롬 오케스트라'가 있었습니다. 그런데 어느 순간부터 연습할 때마다 묘한 불협화음이 들리기 시작했습니다. 트럼펫 연주자는 "힘이 넘쳐야 한다."라고 주장했고, 바이올린 연주자는 "음악은 섬세한 감정선이 생명이다."라고 응수했습니다. 첼로 연주자는 "우리 오케스트라의 전통은 이게 아니었는데, 요즘 연주자들은 기본이 안 되어 있다."고 한탄했습니다. 타악기 연주자는 "새롭고 혁신적인 리듬을 시도해야 사람들이 공연에 오죠!"라며 반박했습니다. 모두가 자신의 악기가 최고라고, 자신의 방식이 유일한 정답이라고 주장했습니다.

그러던 어느 날, 새로 부임한 지휘자가 단원들에게 악보 하나를 나눠주었습니다. 그 악보의 제목은 '샬롬' Shalom이었습니다.

"여러분, 트럼펫의 힘도, 바이올린의 섬세함도, 첼로의 진중함도, 타악기의 변화도 모두 이 곡에 필요합니다. 여러분의 목적은 모든 소리가 어우러져 '샬롬'이라는 아름다운 음악

을 완성하는 것입니다. 그러니 제발, 서로의 소리를 들어주십시오."

이 예화는 오늘 우리의 모습을 그대로 보여줍니다. 사회를 보수와 진보, 좌파와 우파로만 나누는 것은 마치 오케스트라 음악을 트럼펫과 바이올린 두 개로만 연주하는 것과 같습니다. 그러나 실제 사람들의 생각은 훨씬 더 복잡하고 다양합니다. 비단 정치의 영역뿐 아니라 사회문화의 각종 이슈들 - 첨예하게 대립하는 생명 윤리(임신중절 등)나 환경 문제(개발과 보존의 갈등), 성별 갈등, 결혼과 가정에 대한

다양한 관점, 다문화 현상 등 단순한 '옳고 그름'으로 나눌 수 없는 복잡한 가치관이 충돌하고 있습니다. 문제는 우리가 '샬롬'이라는 거대한 악보(하나님의 뜻)를 함께 연주하기보다, 내 악기 소리(내 정치 성향이나 문화적 신념)만 높이려 한다는 데 있습니다.

〈기독교인의 정치문화 형성과 지형 조사〉를 살펴보면, 몇 가지 특징을 확인할 수 있습니다. 우선, 한국 기독교인들의 신앙 성향과 정치 성향은 한쪽으로 치우치기보다 전반적으로 폭넓은 스펙트럼을 보입니다. 그러나 교회가 이러한 다양성을 긍정적으로 수용하며 '갈등의 중재자' 역할을 하리라는 기대와 달리, 상당수 기독교인은 교회가 오히려 갈등을 심화시킨다고 인식하고 있었습니다(성도 46.3%, 목회자 72%).

이러한 인식은 교회 공동체 내부의 경험에서 비롯된 것으로 보입니다. 실제로 교회 안에서 다른 정치 성향을 가진 성도와 대화를 나눈 후 '거리가 멀어졌다'라고 느끼는 경우가 47%에 달한 반면, '친해졌다'라고 응답한 경우는 7.5%에 불과했습니다.

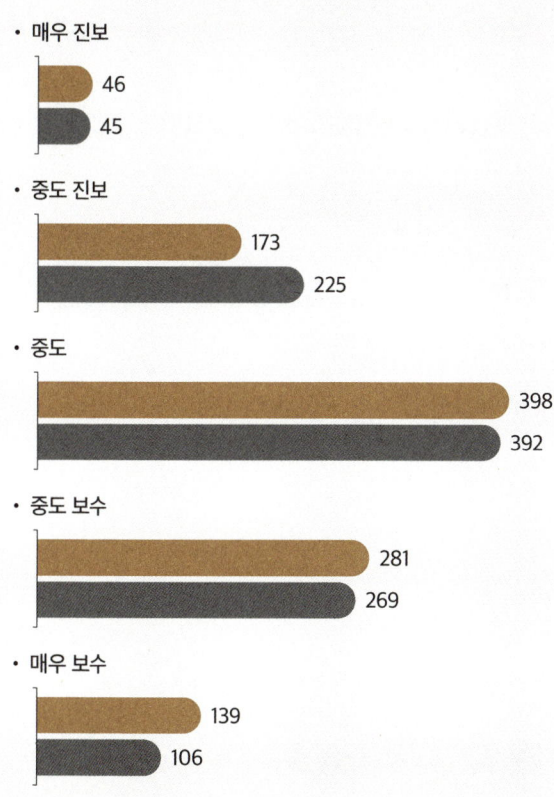

• 한국 기독교인의 신앙 성향과 정치 성향
(성도, 1 매우 진보-5 매우 보수) •

■ 신앙 성향   ■ 정치 성향

• 매우 진보
  46
  45

• 중도 진보
  173
  225

• 중도
  398
  392

• 중도 보수
  281
  269

• 매우 보수
  139
  106

〈기독교인의 정치문화 형성과 지형 조사〉 결과의 종교별 기술 통계. 한국 기독교인의 정치적 지향의 평균=3.160; 표준편차=1.017. 신앙적 지향 평균=3.28351; 표준편차=1.0354. '매우 보수'는 본인의 정치 성향을 보수로 선택한 응답자 중 '2024년 1월 19일 서부지법 유치장 사태'를 국민저항권 행사로 인식한 경우로 분류함. '매우 진보'는 본인의 정치 성향을 '매우 진보'로 선택한 응답자를 기준으로 분류함.

• 보수와 진보 갈등 속 교회의 역할(%) •

■ 성도   ■ 목회자

• 보수와 진보 갈등을 심화시키고 있다

46.3
72.0

• 보수와 진보 갈등을 완화시키고 있다

15.9
8.1

• 보수와 진보 갈등에 별로 역할을 하지 않는다

37.7
19.9

왜 이런 일이 벌어질까요? 우리는 대화하는 법, 아니, 경청하는 법을 잊었기 때문입니다. 야고보 사도는 우리에게 이렇게 권면합니다.

내 사랑하는 형제들아 너희가 알지니 사람마다 듣기는 속히 하고 말하기는 더디 하며 성내기도 더디 하라(야고보서 1:19).

하지만 우리는 거꾸로 합니다. '말하기는 속히 하고 듣기는 더디 하며' 상대방의 말을 끝까지 듣기도 전에 "저 사람은 틀렸어."라고 판단합니다.

민주주의 사회에서 '광장'(공론장, Public Sphere)은 매우 중요합니다. 광장은 시민들이 모여 사회 문제를 자유롭게 이야기하는 안전한 공간입니다. 마치 따뜻한 찻집처럼 어떤 이야기를 해도 내가 수용될 것이라는 상호 신뢰감을 느껴야 합니다. 이 광장이 건강해야 사회도 건강합니다. 하지만 나와 생각이 다른 사람을 '적'으로 규정하고 목소리를 높인다면, 그곳은 대화의 '찻집'이 아니라 '싸움터'가 되고 맙니다.

교회는 광장을 어떻게 더 건강하게 만들 수 있을까요? 우리가 먼저 '경청하는 찻집' 같은 존재가 되어야 합니다. 사도 바울은 고린도교회 성도들에게 놀라운 기준을 제시합니다.

모든 것이 가하나 모든 것이 유익한 것은 아니요 모든 것이 가하나 모든 것이 덕을 세우는 것은 아니니 **누구든지 자기의 유익을 구하지 말고 남의 유익을 구하라**(고린도전서 10:23-24).

나에게는 어떤 말이든 할 '자유'가 있습니다. 하지만 그 자유를 사용하기 전에, "내 말이 저 사람에게 유익한가? 내 말이 우리 공동체에 덕을 세우는가?"를 먼저 생각하는 것이 그리스도인의 성숙함입니다. 나의 표현의 자유와 권리를 주장하기 전에, **내 이웃의 유익**을 먼저 구하는 것입니다.

✢ 샬롬의 정치, 다른 지체를 섬기는 한 몸

바울은 교회를 '그리스도의 몸'이라는 놀라운 비유로 설명합니다.

> 몸은 하나인데 많은 지체가 있고 몸의 지체가 많으나 한 몸임과 같이 그리스도도 그러하니라 (…) 몸 가운데서 분쟁이 없고 오직 여러 지체가 서로 같이 돌보게 하셨느니라(고린도전서 12:12, 25).

교회 안에는 다양한 지체가 있습니다. '정의'와 '약자 보호'(사회적 가치)를 특별히 민감하게 여기고 봉사하는 '손'과 같은 사람이 있습니다. '질서'와 '전통'(보수적 가치)을 굳건히 지키며 우직하게 길을 가는 '발'과 같은 사람도 있습니다. 미래를 내다보며 새로운 변화를 감지하는 '눈'과 같은 사람도 있습니다.

나는 '정의'에만 몰두한 나머지 '안정'의 중요성을 놓칠 수 있고, '전통'에만 집중한 나머지 '변화'의 목소리를 못 들을 수 있습니다. 그래서 우리는 서로가 필요합니다. 이것이 '샬롬의 정치'입니다. 샬롬 Shalom은 그저 다툼이 없고 잠잠한 상태를 말하지 않습니다. 하나님의 정의와 질서가 우리 삶 구석구석에 스며들어, 비로소 온 세상이 조화롭게 충만한 상태를 의미합니다.

나와 다른 지체를 정죄하는 것이 아니라, 오히려 자신의 자리에서 제 역할을 잘하도록 돕고 연대할 때, 우리 공동체는 비로소 아름다운 '샬롬'을 연주하게 됩니다. 사랑 안에서 그리스도의 몸으로 세워져 가게 됩니다(고린도전서 12:24-30; 에베소서 4:16). 예수님은 우리에게 "세상의 심판자가 돼라."고 하지 않으시고, "화평하게 하는 자가 돼라."고 하셨습니다.

> 화평하게 하는 자는 복이 있나니 그들이 하나님의 아들이라 일컬음을 받을 것임이요(마태복음 5:9).

우리의 목적은 정치적 '승리'가 아니라, 하나님 나라의 '샬롬'을 이루는 것입니다. 그 샬롬은 나와 다른 지체와 기꺼이 손을 잡고, 서로의 소리를 경청하며, '공동선'이라는 아름다운 음악을 함께 연주할 때 비로소 이 땅에 울려 퍼지게 될 것입니다.

묵상과 토론을 위한 질문

✦ 오늘날 한국 사회에서 기독교인의 정치 참여가 특정한 함정에 빠져있다면, 그것은 어떤 모습으로 드러나고 있나요?

✦ 나의 신념이 담긴 표현이 누군가의 인격과 권리를 침해하거나 상대방과 갈등을 빚은 경험이 있나요?

✦ 표현의 자유와 혐오 발언 사이의 경계는 어디에 있다고 생각하나요?

✦ 내가 속한 공동체(교회, 직장, 지역 등)에서 건강한 정치적 대화가 이루어지도록 어떤 역할을 할 수 있을까요?

▶ 샬롬의 겨자씨 심기

화평하게 하는 자로서, 두 가지 중 하나를 선택해 박스에 체크(☑)하고 일상에서 조화를 이루는 샬롬을 실천해 봅시다.

☐ '반향실 탈출' 실천하기

나의 '반향실'에서 벗어나기 위해, 서로 다른 논조의 신문사를 골라 사이트를 방문합니다. 동일한 주제를 다룬 각 신문의 기사나 칼럼을 찾아, 경청하고 이해하려는 마음으로 끝까지 읽어보고 비교해 봅니다.

☐ '평화의 언어' 실천하기

지인과 정치 이야기를 할 때, '우파/좌파' 등 분열의 단어 대신 '다른 생각을 가진 분', '우리 이웃' 등 포용적이고 존중하는 단어를 의식적으로 사용해 봅니다.

▶ 함께 기도합니다

다양함 속에 조화를 이루시는 하나님, 우리를 각기 다른 지체로 부르셨음을 기억합니다. 그 다름이 틀림이 아님을 깨달아 서로 이해하고 존중하게 하시고, 무엇보다 사랑의 띠로 온전히 묶어 주셔서 그리스도의 몸으로서 평화의 길을 함께 걷게 하소서. 수많은 생각과 입장 속에서도 주님의 샬롬 안에서 아름다운 화목과 연합을 이루게 하옵소서. 예수님의 이름으로 기도합니다. 아멘.

4장

분별의 정치

탈진실 시대의 진리 찾기

찬양

주님의 뜻을 이루소서(찬 425)

여는 질문

가짜 뉴스를 접해보신 적이 있나요? 다양한 뉴스를 보며 어떻게 판단하시나요?

한눈에 읽기

탈진실 시대에 그리스도인은 진실을 밝히는 것을 넘어, 하나님의 뜻을 분별하는 눈을 가져야 합니다. 완결된 하나의 정답을 제시하기보다, 토론하고 분별하며 '진리의 나침반'을 찾아가는 '분별의 정치'를 제안합니다.

키워드

#탈진실 #가짜뉴스 #분별 #진리 #겸손

분별의 정치

탈진실 시대의
진리 찾기

"너희는 이 세대를 본받지 말고 오직 마음을 새롭게 함으로
변화를 받아 하나님의 선하시고 기뻐하시고
온전하신 뜻이 무엇인지 분별하도록 하라"
롬 12:2

✦ 탈진실 세상 속 흔들리는 진실

한 교회의 단톡방에서 당혹스러운 일이 있었습니다. 어떤 신실한 분이 "선교지에서 교회가 공격받고 있다"라면서 사진과 메시지를 공유했습니다. 많은 성도가 함께 애통해하고 공분하면서 "기도하겠다."라는 글들이 줄줄이 이어졌습니다. 그런데 처음 사진을 공유한 분이 '사진 속 사건이 최

OO교회 단톡방

🚨🚨 [긴급 기도 요청] 지금 파키스탄에서 무슬림들이 교회를 불태우고 있습니다!

🔥 지금 이 시간 파키스탄에서 이슬람 극단주의자들이 교회를 불태우고 기독교인들을 박해하고 있습니다. 이 사진은 방금 현지 선교사님을 통해 전달받은 것입니다.
이 땅의 교회가 무너지지 않도록, 성도들이 안전하도록 지금 바로 이 글을 널리 퍼뜨리고 함께 기도해 주십시오! 🙏

최OO 집사님

어떻게 이런 일이... 기도하겠습니다 ㅠㅠ

주님 도우소서....

안OO 권사님

함께 기도합니다!!

성OO 장로님

🙏 기도하겠습니다

김OO 집사님

죄송합니다!! 저도 공유 받은 건데 전후 사정을 확인하니 오해의 소지가 있어서 말씀드립니다....
좀 전에 보내드린 내용은 무슬림의 교회 방화와 탄압이 맞긴 하지만, 예전(2023년) 일이고 발단이 파키스탄 기독교인들끼리의 싸움과 모략이라고 해요. 사실 여부를 제대로 확인하지 않고 급한 마음에 보내 혼란을 드려 정말 정말 죄송합니다 ㅠㅠ

최OO 집사님

> 연합뉴스
> 파신뉴스
> **지난달 파키스탄 무슬림들의 기독교인 공격 발단은 '사적 모략'**
> 송고 2023-08-04 22:16
> 유창엽 기자
> 구독
> 기독교인이 다른 기독교인에게 신성모독죄 덮어씌우려 해

근 일이 아니며, 기독교인 간의 다툼과 모략으로부터 시작된 일'이라고 오해의 소지가 있음을 밝혔습니다. 자신도 다른 사람에게 공유받았던 내용을 사실 확인 없이 전달했다가 벌어진 일이라며 양해를 구했습니다.[1]

단톡방이 일순간 잠잠해졌습니다. 아무리 선한 의도로 전한 메시지라도 진실이 아닐 수 있으며, 누구나 언제든 가짜 뉴스에 속을 수 있다는 사실을 온 교우들이 깨달았기 때문입니다.

오늘날 우리는 '탈진실'脫眞實, Post-Truth 시대를 살고 있습니다. 탈진실이란, 무엇이 사실인지 보다 개인의 감정이나 신념이 여론 형성에 더 큰 영향을 미치는 현상입니다. 특히 탈진실 정치는 자극적인 허위 정보와 혐오 발언으로 분노와 공포를 조장하며 진실을 오도합니다.

미디어 환경도 마찬가지입니다. 같은 사건을 두고도 언론사마다 다른 관점으로 보도합니다. SNS는 진실과 상관없이 우리가 좋아할 만한 콘텐츠만 골라 보여줍니다. 그 결과, 우리는 '보고 싶은 것만 보는' 세상(정보 여과 현상, Filter Bubble)에 갇히기 쉽습니다.

생성형 AI(인공지능) 기술은 이 현상을 더 가속합니다. 클릭 몇 번이면 진위 구분이 어려운 기사와 영상이 수백 개, 수천 개씩 자동으로 만들어지고, 출처조차 불분명합니다. 가짜 뉴스와 딥페이크Deepfake가 범람하며 진실의 가치마저 뒤흔들고 있습니다. 그렇다면 신앙인은 이처럼 진실이 흐려진 세상에서, 무엇을 근거로 판단하며 살아가야 할까요?

> **FAKE 가짜 뉴스(허위 정보)의 특징**
> - 사실과 허위를 교묘하게 뒤섞음
> - 전문가나 전문 기관 사칭
> - 자극적인 말로 감정에 호소
> - 디지털 기술 악용
> - 출처가 불분명하거나 확인이 어려움
> - 많은 경우 소셜미디어를 통해 확산

〈기독교인의 정치문화 형성과 지형 조사〉 결과에 따르면, 상당수의 기독교인은 정치 뉴스를 관심 있게 보는 편입니다(성도 64.3%, 목회자 74.7%). 유튜브의 경우, 성도의 31.2%, 목회자의 35.3%만 즐겨본다고 응답했습니다.

• 정치 뉴스 관심 및 콘텐츠 공유 경험(%) •

■ 전혀 그렇지 않다   ■ 그렇지 않은 편이다   ■ 그런 편이다   ■ 매우 그렇다

• 나는 정치 뉴스에 관심이 많다

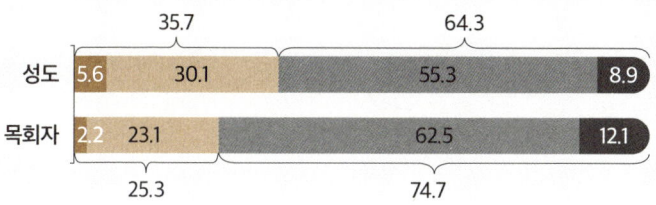

• 나는 정치 관련 유튜브를 즐겨 본다

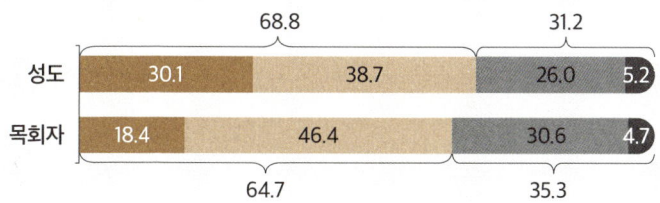

■ 있다   ■ 없다

• 나는 정치 콘텐츠를 공유한 적이 있다

교회 공동체에서 정치 콘텐츠를 주고받은 경우는 성도와 목회자가 각각 16.8%, 24.9%였습니다. 그런데 '서부지법 사태' 찬성자들의 경우에는 그 비율이 높아져서 성도 33.5%, 목회자 42.9%로 급격히 올라갑니다. 정치 정보 공유와 현실 정치 참여가 긴밀하게 연관되어 있다고 이해할 수 있습니다.

한편, 가짜 뉴스나 허위 정보를 분별하기 어렵다는 것이 숙제입니다. 한국언론진흥재단의 조사에서는 다섯 명 중 두 명만이 가짜 뉴스의 진위를 확인할 수 있다고 했습니다. 60%의 사람들은 가짜 뉴스를 사실인 것으로 믿어버린다는 것입니다.[2] 지인들 사이에서 주고받는 콘텐츠, 특히 목회자나 교인이 제공하는 정보에 대한 신뢰도가 상당히 높다(44%)는 점에서 이는 경계하며 서로 주의해야 할 부분입니다.[3]

✣ 정보의 홍수와 '반향실'에 갇힌 우리

우리는 많은 정보. 자극적인 콘텐츠를 접하는 만큼 진실을 가리기 어려운 시대를 살고 있습니다. '알고리즘'Algorithm 또한 문제입니다. 유튜브, SNS, 포털 사이트에서 보는 정보는 객관적 진실의 나열이 아니라 알고리즘이 '내가 좋아할 것'이라고 추측해서 골라주는 것입니다. 마치 영양사가 영양 균형이 아니라 인기 위주의 식단을 짜주는 것처럼 말입니다.

보수적인 관점의 정치 영상 하나를 보면, 알고리즘은 더 보수적인 영상을 추천해 줍니다. 진보적인 글을 하나 읽으면, 더 강한 진보적 성향의 글을 보여줍니다. 그 결과, 자칫 우리는 '반향실'Echo Chamber이라는 보이지 않는 방에 갇히게 됩니다. 이 방에서는 내 생각과 같은 목소리만 메아리처럼 울리고, 다른 목소리는 아예 들리지 않습니다. 나의 신념이 더욱 굳건해지면서(이를 '확증편향'이라 합니다.) 나와 다른 생각을 가진 사람은 대화 상대가 아니라 '잘못된 생각을 하는 적'으로 보이게 됩니다.

이런 환경에서는 '무엇이 옳은가?'보다 '누가 우리 편인가?'가 더 중요해집니다. 결국 모두가 고립되고 사회의 양극화가 심화되며 건전한 정치적 토론이 가로막힙니다.

사도 바울은 고린도전서에서 이렇게 고백합니다.

우리가 지금은 거울로 보는 것 같이 희미하나 그 때에는 얼

굴과 얼굴을 대하여 볼 것이요 지금은 내가 부분적으로 아나 그 때에는 주께서 나를 아신 것 같이 내가 온전히 알리라 (고린도전서 13:12).

이 말씀은 우리의 인식이 언제나 부분적이고 불완전함을 알려줍니다. 아무리 똑똑하고 박식해도, 우리의 이해는 여전히 "거울로 보는 것처럼 희미"한 수준입니다. 그러므로 "나는 여전히 배워야 한다."라는 겸손함이 진정한 분별의 출발점입니다.

✟ 분별의 정치, 분별을 돕는 네 가지 나침반

'분별의 정치'는 단순한 사실 확인이 아니라 하나님의 뜻을 향한 방향 설정입니다. 지금처럼 자동차 내비게이션이 없던 시절, 여행자들은 길을 잃지 않기 위해 나침반을 의지했습니다. 우리에게도 정치적·문화적 혼란 속에서 방향을 잃지 않게 해주는 네 가지 나침반, 바로 하나님의 말씀이 있습니다.

진리의 나침반

진리를 알지니 진리가 너희를 자유롭게 하리라(요한복음 8:32).

분별의 첫걸음은 감정적인 반응을 잠시 멈추고 사실이 무엇인지 확인하는 것입니다. 진리는 하나님이시며, 하나님의 시선으로 현실을 보려는 자세가 필요합니다. 열매가 좋은지 알기 위해 뿌리를 살피듯, 그 정보도 어디서 나왔는지, 누가, 어떤 목적으로 만들었는지 살펴야 합니다.

> **'진리' 체크리스트**
> ✓ 이 소식의 출처는 분명하고 신뢰할 만한가?
> ✓ 사실과 의견, 진실과 거짓이 교묘하게 섞여 있지는 않은가?
> ✓ '반향실 효과'에서 벗어나기 위해, 상대방의 입장이나 다른 관점의 자료를 교차 확인했는가?

정의의 나침반

오직 정의를 물 같이, 공의를 마르지 않는 강 같이 흐르게 할지어다(아모스 5:24).

정의의 나침반은 우리의 정치적·사회적 활동이 누구의 유익을 위한 것인지 묻습니다. 하나님의 정의는 힘의 논리가 아니라 약자의 편에 섭니다. 마른 땅을 적시는 강물처럼 하나님의 정의가 사회 구석구석으로 흘러가야 합니다.

> **'정의' 체크리스트**
> ✓ 이 사안에 대한 성경의 핵심 가치(공의, 긍휼 등)는 무엇인가?
> ✓ 예수님이라면 이 상황에서 뭐라고 하실까? 그 입장이 '고아와 과부와 나그네'로 대변되는 이 시대의 약자들을 위한 것인가?
> ✓ 이 주장을 통해 이익을 얻는 집단과, 소외되거나 고통받는 집단은 누구인가?

샬롬의 나침반

화평하게 하는 자는 복이 있나니 그들이 하나님의 아들이라 일컬음을 받을 것임이요(마태복음 5:9).

진실하고 정의로운 일이라도, 그 방식과 결과가 하나님의 평화(샬롬)를 이루어야 합니다. "화평하게 하는 자"Peacemaker는 갈등을 회피하는 사람이 아니라, 갈등 속에서 적극적으로 다리를 놓는 사람입니다. 분별이 깨어진 관계를 잇는 치유의 도구가 되어야 합니다.

> **'샬롬' 체크리스트**
> ✓ 이 정보는 어떤 감정(긍휼, 분노, 혐오, 두려움 등)을 일으키도록 만들어졌는가?
> ✓ 이 내용은 관계를 단절시키는가, 아니면 문제 해결을 위한 대화로 이끄는가?
> ✓ 궁극적인 목적이 모두의 유익(공동선)을 위한 것인가, 아니면 '우리 편'만의 승리를 위한 것인가?

사랑의 나침반

사랑은 오래 참고 사랑은 온유하며 (…) 자랑하지 아니하며 교만하지 아니하며 무례히 행하지 아니하며 자기의 유익을 구

하지 아니하며 (…) 진리와 함께 기뻐하고(고린도전서 13:4-6)

분별의 결과가 나의 의를 드러내거나 상대방을 정죄하는 데 쓰인다면, 그것은 실패한 분별입니다. 분별은 사랑으로 귀결되어야 합니다. 사랑은 진실, 정의, 샬롬을 완성하는 최고의 가치입니다.

> **'사랑' 체크리스트**
> ✓ 이 정보가 불의를 기뻐하지 않고 진리와 함께 기뻐하는(고전 13:6) 사랑의 모습인가?
> ✓ 나의 반응이 '나는 옳고 너는 틀렸다.'라는 자기 의를 드러내는가 아니면 그리스도의 긍휼을 드러내는가?
> ✓ '말과 혀'가 아닌 '행함과 진실함'(요한일서 3:18)으로 실천할 수 있는 것은 무엇인가?

✣ 분별을 넘어, 거룩한 순종으로

모든 것을 검증해서 가려내십시오. 좋은 것을 굳게 붙잡고 계십시오(데살로니가전서 5:21, 새한글성경).

사도 바울은 분별이 하나님의 뜻이라고 말합니다. 그러나 탈진실 시대와 확증편향이라는 '반향실' 속에서 참된 분별은 쉽지 않습니다. 그렇기에 그리스도인에게 분별은 단순한 미디어 활용 기술이 아닙니다. 이 시대를 본받지 않으려는 거룩한 몸부림이자 매일 감당해야 할 영적 훈련이어야 합니다(로마서 12:2).

혼탁한 세상에서 네 가지 나침반이 제 기능을 하려면, 먼저 우리의 영적 감각이 깨어 있어야 합니다. 분별을 위해 말씀과 기도의 시간이 반드시 선행되어야 하는 이유입니다. 나침반이 세상의 이념과 가짜 뉴스라는 '자기장'에 교란되지 않도록, 우리는 매일 말씀 앞에 서야 합니다. 성경 말씀이 세상 소음에서 하나님의 세미한 음성을 듣게 하기 때문입니다.

또한 기도는 요동치는 감정을 잠잠케 하고 우리의 시선을 하나님께 고정해 줍니다. 나아가 나라와 지도자를 위한 기도는 이 땅의 평안과 하나님의 공의를 심는 거룩한 통로가 됩니다(디모데전서 2:1-2).

우리는 기도와 말씀에 바탕을 둔 네 가지 나침반을 길잡이 삼아, 거룩한 분별의 실천을 이어가야 합니다. 그것이 이 땅에서 하나님 나라 시민으로 살아가는 영광스러운 책임입니다.

묵상과 토론을 위한 질문

✦ '교회 단톡방' 예화처럼, 나 혹은 우리 공동체 중 누군가가 진실이 아닌 정보를 공유했던 경험이 있다면 나눠봅시다. 그때 왜 어떻게 반응했나요? 혹 믿었다면 이유는 무엇인가요?

✦ 내가 '반향실'에 갇혀 있는지 어떻게 점검할 수 있을까요? 이를 위해 의도적으로 찾아봐야 할 다른 관점의 매체나 목소리는 무엇이 있을까요?

✦ 네 가지 나침반(진리, 정의, 샬롬, 사랑) 중 오늘날 정치 참여에 가장 시급하게 적용해야 할 것은 무엇이라고 생각하나요? 그 이유도 말해주세요.

✦ '분별은 겸손에서 출발한다'라는 말은 신념과 의견이 다른 이웃을 대할 때 구체적으로 어떤 태도와 실천을 의미할까요?

▶ 분별의 겨자씨 심기

아래 중 하나를 선택해 박스에 체크(☑)하고 겸손한 분별을 훈련해 봅시다.

☐ '잠시 멈춤' 실천하기

메신저로 자극적인 정치/사회 뉴스를 받았을 때, '공유' 버튼을 누르기 전 10초간 멈추고 '이것이 신뢰할 만한 내용인가?', '샬롬과 사랑에 유익한가?' 생각합니다.

☐ '가짜 뉴스 정정' 실천하기

어떤 뉴스나 정보를 타인 혹은 단톡방에 공유한 후 잘못된 내용이었다는 걸 알게 되었다면 반드시 정정하고 구체적인 확인 없이 실수로 공유한 것임을 고백합니다.

☐ '정의의 나침반' 실천하기

최근 접한 뉴스 중 한 개를 정해 '이 일로 가장 고통받는 이웃(약자)은 누구일까?'를 '정의의 나침반'으로 점검하고, 그 이웃을 위해 1분간 기도합니다.

▶ 함께 기도합니다

진리의 하나님, 혼란한 시대를 살아가는 우리에게 분별력을 주셔서 잘못된 것을 추구하게 하는 허위 정보에 휩쓸리지 않게 하시고 주님의 뜻 안에서 진실을 분별하게 하옵소서. 오직 하나님 나라의 가치와 정의에 근거해 사랑으로 대화하며 평화와 화해를 이루는 정치에 동참하게 하옵소서. 예수님의 이름으로 기도합니다. 아멘.

5장

변혁의 정치

다원주의 사회에서 세상을 변화시키기

찬양

꽃들도

생각해 볼 질문

그리스도인은 어떻게 교회의 울타리를 넘어, 일상과 세상을 실질적으로 변화시킬 수 있을까요?

한눈에 읽기

성경적 가치라는 비옥한 토양에 '변혁의 겨자씨'를 심고 새가 깃들일만한 아름드리 건강한 나무가 될 수 있도록, 삶의 현장에서 작은 변화를 일구는 용기를 격려합니다.

키워드

#변혁 #삶의_증언 #겸손한_실천 #일상의_정치 #하나님나라

◆ 변혁의 정치 ◆

다원주의 사회에서 세상을 변화시키기

"너희는 세상의 소금이니 소금이 만일 그 맛을 잃으면
무엇으로 짜게 하리요 (…) 너희는 세상의 빛이라
산 위에 있는 동네가 숨겨지지 못할 것이요"

마 5:13-14

✦ 변혁의 오해, '내가 세상을 바꾼다'는 착각

"세상을 바꾸자!"라는 말은 언제 들어도 우리의 마음을 뜨겁게 합니다. 그러나 동시에 그 안에는 오해와 위험도 숨어 있습니다. '변혁'이란 말은 종종 "내가 옳다고 믿는 방향으로 세상을 밀어붙이자."라는 인간적인 욕망으로 변질되기 때문입니다.

기독교 역사 안에서도 '변혁'은 종종 오용되었습니다. '세상을 기독교화'하려는 열망이 십자군 전쟁처럼 폭력적인 모습으로 나타나기도 했습니다. "하나님의 이름으로!"를 외치며 다른 종교와 문화를 억압하고, 신앙의 이름으로 정치 권력을 쟁취하려 했습니다.

하지만 성경에서 말하는 변혁變革, Transformation은 그런 폭력적 전복이 아닙니다. 하나님 나라의 변혁은 사람의 힘으로 세상을 뒤집는 것이 아니라, 하나님의 사랑이 관계와 삶의 구조를 새롭게 빚어가는 과정입니다.

사도 바울은 말합니다.

너희는 이 세대를 본받지 말고 오직 마음을 새롭게 함으로 **변화를 받아**(로마서 12:2a)

여기서 '변화를 받는다'μεταμορφοῦσθε, 메타모르푸스테는 헬라어 원어상 수동태입니다. 우리가 '변화를 만드는' 것이 아니라, 하나님의 손에 의해 '변화를 받는' 것입니다. 변혁은 인간의 의지로 세계를 좌지우지하는 것이 아니라, 하나님의 형상대로 회복된 우리가 세상 속으로 스며드는 것에서 시작됩니다.

세상은 칼이 아니라 사랑으로 바뀝니다. 예수님의 변혁은 십자가를 통해 완성된 사랑과 평화의 혁명이었습니다.

> 그가 찔림은 우리의 허물 때문이요 그가 상함은 우리의 죄악 때문이라 그가 징계를 받으므로 우리가 평화를 누리고 그가 채찍에 맞으므로 우리는 나음을 받았도다(이사야 53:5).

참된 변혁의 모델은 우리를 위해 십자가를 지신 예수 그리스도입니다. 그것은 세상의 방식인 힘이 아니라, 가장 낮은 곳에서 자기희생과 섬김으로 진정한 변화를 이루는 길입니다.

✢ 뱀처럼 지혜롭고, 비둘기처럼 순결하게

이렇게 변화된 마음을 가지고 세상에 참여하려고 할 때, 다시 막막해집니다.

"그래서 도대체 누구에게 투표하라는 말인가?"

"기독교인의 선택은 정해져 있는 것 아닌가?"

"이 문제는 너무 복잡해서 모르겠다. 그냥 기도만 하는 게 낫지 않을까?"

이런 우리에게 예수님은 현실적인 조언을 주셨습니다.

보라 내가 너희를 보냄이 양을 이리 가운데로 보냄과 같도다 그러므로 너희는 **뱀 같이 지혜롭고 비둘기 같이 순결하라** (마태복음 10:16).

'비둘기 같은 순결'이 우리의 동기Why라면, '뱀 같은 지혜'는 우리의 방법How입니다. 이웃 사랑, 샬롬 등 '순결'이라는 하나님 나라의 동기만 있고 '지혜'가 없으면 어떻게 될까요? 세상의 복잡함 속에서 쉽게 이용당하기 쉽습니다. "저 후보가 기독교인이래!"라는 말 한마디에 맹목적으로 표를 주는 순진함에 빠질 수 있습니다.

반대로 세상적인 '지혜'만 있고 '순결'이 없으면 어떻게 될까요? 또 하나의 이기적인 이익 집단이 될 뿐입니다. "나와 우리 교회의 이익을 위해서라면 저 후보의 도덕적 흠결 정도는 눈감아주자."라는 정치적 냉소주의에 빠집니다. 예수님은 순결한 동기와 지혜로운 방법, 두 가지 모두 필요하다고 하셨습니다.

단일 이슈의 함정 분별하기

'뱀 같은 지혜'의 첫 번째 실천은 '단일 이슈의 함정'에 빠지지 않는 것입니다. 여기서 단일 이슈의 함정이란, 세상을 바라보거나 정치적 판단을 할 때 오직 한 가지 문제나 관점만을 기준으로 삼는 것입니다.

이 함정은 매우 매력적입니다. 복잡한 세상을 '선과 악', '아군과 적군', '정답과 오답'으로 명쾌하게 정리하는 것처럼 보이기 때문입니다. 단순함은 강력한 도덕적 확신과 안정감을 줍니다. 하지만 지혜로운 청지기는 바로 그 단순하고 명쾌해 보이는 시각이야말로 함정일 수 있음을 압니다.

〈기독교인의 정치문화 형성과 지형 조사〉 결과를 살펴보면, 한국교회 성도와 목회자들은 '안보와 인권' 중 무엇을 더 추구해야 하냐는 질문에, 양쪽 모두 비슷한 결과를 보입니다. 그런데 이 차이는 이념 성향에 따라 극명하게 갈라집니

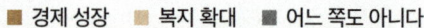

• 정치 이슈별 우선 순위(%) •

• 경제 성장 vs. 복지 확대

• 안보 vs. 인권

• 자유 vs. 평등

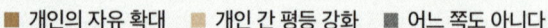

다. 정치적으로 '매우 보수' 성향의 성도들은 '안보'(76.8%)를 압도적으로 선택했지만, '매우 진보' 성향의 성도들은 대부분 '인권'(76.5%)을 중요하게 여겼습니다.[1]

　모두 의미 있는 가치이지만, 그 가치만을 절대화할 때 문제가 발생합니다. 세상의 모든 일들을 바라볼 때, 어떤 사람은 '복지 확대'라는 한 가지 안경만 쓰고 어떤 사람은 '안보'라는 안경만 씁니다. 또 어떤 신앙인은 '특정 교리'의 렌즈 하나로만 모든 후보와 정책을 판단하려 합니다. 그 하나하나의 이슈는 중요합니다. 하지만 예수님은 한 가지만 집착하며, 그것을 기준으로 의인과 죄인으로 나누고 더 큰 가치를 놓쳤던 서기관들과 바리새인들을 이렇게 꾸짖으셨습니다.

　화 있을진저 외식하는 서기관들과 바리새인들이여 너희가 박하와 회향과 근채의 십일조는 드리되 율법의 더 중한 바 정의와 긍휼과 믿음은 버렸도다 **그러나 이것도 행하고 저것도 버리지 말아야 할지니라**(마태복음 23:23).

　예를 들어, '십일조'(중요하게 생각하는 특정 이슈)도 중요하지만, 그것을 지키느라 더 근본적인 가치인 '정의'(공정한 시스템), '긍휼'(약자를 향한 자비), '믿음'(하나님에 대한 신실함)을 버려서는 안 된다는 것입니다.

지혜로운 청지기는 숲 전체를 봅니다. 숲 전체를 보기 위해, 곧 정의와 긍휼, 믿음을 종합적으로 행하기 위해 다음의 세 가지 기준으로 점검할 수 있습니다.

- 성품 그릇이 깨끗한가?

인품이 성숙하고 도덕적인 사람이 아니라면, 그 사람이 내는 정책도 오염되어 있을 수밖에 없습니다.

너는 먼저 안을 깨끗이 하라 그리하면 겉도 깨끗하리라(마태복음 23:26b).

'성품' 체크리스트

✓ 정직: 그는 약속을 지켰습니까?(잠언 12:22)
✓ 겸손: 자신과 공동체의 잘못을 인정하고 진심을 다해 사과할 줄 압니까?(잠언 16:17)
✓ 존중: 나와 다른 의견을 가진 사람을 '적'이 아닌 '동료'로 존중하며 대화합니까?(고린도전서 12:12)

- **정책** 소외된 이웃을 향하는가?

이것은 가장 중요하고 성경적인 기준입니다. 하나님의 마음은 언제나 "지극히 작은 자"를 향해 계십니다.

> 너희가 여기 내 형제 중에 지극히 작은 자 하나에게 한 것이 곧 내게 한 것이니라 하시고 (마태복음 25:40b)

'정책' 체크리스트

✓ 긍휼: 그의 정책이 가난한 자, 병든 자, 장애인, 이주민 등 약자의 삶을 더 안전하게 지켜줍니까? 아니면 이미 힘 있는 사람들(특정 지역, 특정 계층)에게 더 이익이 되게 만듭니까? (시편 82:3)

✓ 공공성: 나와 우리 공동체에게 당장 손해가 되더라도, 사회 전체의 유익(공동선)과 미래 세대(환경)를 위한 정책입니까? (고린도전서 10:24)

✓ 균형: 이 정책이 시행될 때 나타날 긍정적인 효과와 부정적인 부작용을 모두 균형 있게 살펴보았습니까? (빌립보서 1:10)

- **과정** 절차는 공정한가?

그리스도인은 결과만 좋으면 된다고 생각하지 않습니다.

하나님 나라의 방식은 과정 또한 선하고 진실해야 합니다.

> 하나님은 무질서의 하나님이 아니시요 오직 화평의 하나님
> 이시니라(고린도전서 14:33a).

> **'과정' 체크리스트**
> ✓ 공정: 민주적인 절차와 법 준수, 대화를 무시하고 있지는 않습니까?
>   (레위기 19:15).
> ✓ 진실: 목적을 달성하기 위해 가짜 뉴스나 자극적이고 왜곡된 정보,
>   타인에 대한 비방을 퍼뜨리지는 않습니까?(에베소서 4:25)

'청지기의 희망'으로 투표하기

두 번째 실천은 '청지기의 희망'으로 투표하는 것입니다. 성품, 정책, 과정의 세 가지 기준으로 보면, 완벽한 후보나 정당은 아마 없을 것입니다. 그래서 많은 신앙인이 절망하고 냉소에 빠집니다. "어차피 다 거기서 거기야."

하나님 나라의 시민은 '누군가를 반대하기 위한' 방어적이고 소극적인 행위에서 한 걸음 더 나아가 '무엇(가치)을 지향하기 위한' 능동적인 투표를 해야 합니다. 모두의 유익과

지속 가능한 미래를 위하여 우리의 한 표가 이 땅에 하나님의 정의와 긍휼, 샬롬을 더 세우는 방향으로 향해야 합니다.

우리는 메시아나 영웅이 아니라 이 깨어진 세상을 조금 더 나은 방향으로, 덜 해로운 방향으로 이끌, 충실한 청지기가 될 사람에게 한 표를 행사해야 합니다. 특정 정치인이 우리를 '구원'할 것이라는 헛된 희망이 아니라, 이 땅을 돌보라는 주님의 명령에 순종하는 '청지기의 희망'으로 참여하는 것입니다.

> 너희는 내가 사로잡혀 가게 한 **그 성읍의 평안(샬롬)을 구하고** 그를 위하여 여호와께 기도하라 이는 그 성읍이 평안함으로 너희도 평안할 것임이라(예레미야 29:7).

✤ 투표를 넘어서는 일상의 정치

변화된 마음으로 지혜롭게 분별하고 투표했다면, 그것으로 우리의 일은 끝난 것일까요? 아닙니다. 이제 시작일 뿐입니다.

또 비유로 말씀하시되 천국은 마치 여자가 가루 서 말 속에 갖다 넣어 전부 부풀게 한 누룩과 같으니라(마태복음 13:33).

'변혁의 정치'는 보이지 않는 누룩처럼, 우리의 일상에서 구체적으로 실천되어야 합니다.

한 지역교회가 있었습니다. 말씀과 기도에 열심을 내던 교회였습니다. 그러던 어느 날, 활발하게 교회를 섬기던 어느 성도가 사고로 휠체어를 타게 되었습니다. 교인들은 그제야 보이기 시작했습니다. 그 성도가 주일에 교회 오는 것이 얼마나 힘겨운 일인지, 교회 문턱을 넘고, 동네 빵집을 가거나 버스를 타는 것이 거의 불가능에 가깝다는 사실을 말입니다. 그 성도가 겪는 고통은 더 이상 정치적인 것이 아니라 이웃 사랑의 문제였습니다.

어느 날, 교회에서 회의가 열렸습니다. "우리가 법을 만들 수는 없지만, 사랑하는 교우를 위해 함께 목소리를 낼 수는 있지 않겠습니까?" 성도들은 각자 할 수 있는 일을 하기 시작했습니다. 어떤 이들은 서명 운동에 참여하고 온라인 SNS에 공론화했으며, 모금 운동을 벌였습니다. 어떤 이들은 지자체와 상점마다 정중하게 의견을 전달하고, 또 다른 이는 지역 신문에 칼럼을 쓰기도 했습니다. 이 활동을 지켜보던 지역주민들이 하나둘 동참했습니다.

몇 달 후, 그 작은 행동들이 모여 놀라운 열매를 맺었습니다. 지역 버스 노선 두 곳에 저상버스가 배차되었고, 모금액으로 여러 상점의 문턱과 계단에 경사로를 설치할 수 있었습니다. 성도들은 이렇게 고백했습니다. "우리가 나라 전체를 바꾼 것은 아니지만, 우리 교우와 이웃들의 세상은 바꿨습니다." 이것이 바로 일상에서 이뤄지는 복음적 변혁입니다.

이러한 실천은 하나님 나라의 변혁이 공감, 정직, 섬김의 세 가지 일상의 정치를 통해 이뤄짐을 보여줍니다.

- **공감의 정치(사랑)** 변혁은 약한 자와 함께하는 사랑의 자리에서 시작됩니다. SNS에서의 논쟁보다, 외면된 이웃의 삶에 귀 기울이는 것 말입니다.

너희는 말 못하는 자와 모든 고독한 자의 송사를 위하여 입을 열지니라(잠언 31:8).

- **정직의 정치**(진리) 신앙인은 결과보다 과정을 중시해야 합니다. 사랑과 진리 없는 정의는 폭력이 될 수 있습니다. 진실을 왜곡하거나 편의에 따라 말을 바꾸는 순간, 변혁은 힘을 잃습니다.

진리를 알지니 진리가 너희를 자유롭게 하리라(요한복음 8:32).

- **섬김의 정치**(청지기) 그리스도인의 정치 참여는 권력을 얻는 것이 아니라, 섬김의 자리에 서는 것입니다. 변혁은 섬김을 제도화하고 사회 구조와 문화로 만드는 것입니다.

사람아 주께서 선한 것이 무엇임을 네게 보이셨나니 여호와께서 네게 구하시는 것은 오직 정의를 행하며 인자를 사랑하며 겸손하게 네 하나님과 함께 행하는 것이 아니냐(미가 6:8).

✛ 변혁의 정치, 세상 속에 심긴 하나님 나라

변혁의 정치는 권력의 정치가 아니라 관계의 정치입니다.

그리스도인은 혁명가가 아니라 하나님의 뜻을 세상에 번역하는 통역자입니다. 정치는 '내 생각을 실현한다.'가 아니라 '하나님의 공의와 사랑을 구현한다.'라는 신앙적 실천이며 이 모든 실천이 바로 하나님 나라의 증언입니다.

예수님은 우리에게 세상의 소금이요 빛이라고 말씀하셨습니다. 빛은 잠잠히 어둠을 밝히고, 소금은 조용히 스며들어 맛을 내고 부패를 막습니다.

너희는 세상의 소금이니 (…) 너희는 세상의 빛이라 (…) 이

같이 너희 빛이 사람 앞에 비치게 하여 그들로 너희 **착한 행실**을 보고 하늘에 계신 너희 아버지께 영광을 돌리게 하라 (마태복음 5:13-16).

여기서 "착한 행실"이 우리의 공적 증언입니다. 그리스도인이 *1.* 청지기로서 정의와 평화, 긍휼과 생명을 기준으로 분별하며 투표하고, *2.* 광장에서 혐오의 언어 대신 공감과 정직의 언어를 사용하며, *3.* 약자를 돌보는 구조를 만들고 섬김의 정치를 묵묵히 실천할 때, 세상은 그 '다름'을 통해 하나님 나라를 봅니다. 이것이 그리스도인의 '영향력'으로 세상을 변혁하는 가장 강력한 증언입니다.

그리스도인은 예수님께서 십자가에서 보여주신 변혁의 정치를 배우는 사람입니다. 그 변혁은 정의와 평화, 사랑과 자비, 겸손과 연대, 그리고 생명과 돌봄을 통해 세상을 새롭게 만드는 일입니다. 그것이 바로 하나님 나라와 이 땅, 두 나라 시민으로 살아가는 정치의 길입니다.

보라, 내가 만물을 새롭게 하노라(요한계시록 21:5).

묵상과 토론을 위한 질문

✦ 세상을 변화시키려는 그리스도인의 욕망이 왜 위험할 수 있는지 이야기해 봅시다.

✦ 내가 가장 빠지기 쉬운 '단일 이슈의 함정'은 무엇이며, 세 가지 기준(성품, 정책, 과정)을 적용할 때 나의 관점은 어떻게 달라져야 할까요?

✦ '완벽한 후보'가 없어 투표가 무의미하게 느껴질 때, '더 나은 가치를 지향'한다는 것은 나에게 어떤 의미인가요?

✦ 권력을 추구하지 않고도 삶의 현장에서 변혁의 정치를 실천할 수 있는 작은 행동은 무엇일까요?

▶ **변혁의 겨자씨 심기**

둘 중 하나를 선택해서 박스에 체크(✓)하고, 투표를 넘어서 일상의 변혁을 일으키는 구체적인 '변혁의 겨자씨'를 심어봅시다.

☐ **'소비'로 변혁하기**
나의 신앙 가치와 맞는 '가치 소비'(예시) 공정무역, 환경보호, 지역 상생, 약자 고용 등)를 실천합니다.

☐ **'참여'로 변혁하기**
우리 동네 현안(예시) 아파트 공고, 학교 운영위 소식, 지역 신문 등) 한 개를 꼼꼼히 읽어보고, 의견 제시, 회의 참석 등 내가 할 수 있는 작은 일 한 가지를 찾아서 실천해 봅니다.

▶ **기도합니다**

창조주이시며 역사의 주관자이신 하나님, '세상을 바꾸겠다.'라는 조급한 열심이나 교만 대신, 먼저 우리 자신이 변화되기를 바라는 겸손으로 주님 앞에 섭니다. 이 땅을 향한 돌봄의 사명을 감당하는 청지기로서, 이웃을 사랑으로 섬기고 분열의 세상 속에서 샬롬을 심는 화평의 사람이 되게 하소서. 그리하여 분별의 지혜로 변혁의 겨자씨를 심는 빛과 소금의 사명을 온전히 감당하게 하시고, 하늘의 뜻이 이 땅에 이루어지게 하는 거룩한 통로로 살아가게 하옵소서. 예수 그리스도의 이름으로 기도합니다. 아멘.

맺음말

마치며: 일상의 광장에서 하나님의 정치에 참여하는 여러분에게

신앙인으로서 정치라는 무거운 주제 앞에서 여전히 두렵거나, 무엇을 해야 할지 막막할지도 모르겠습니다. 다원적인 세상에서 길을 잃은 것 같고, 단일 이슈와 허위 정보의 함정에서 벗어나는 것이 버겁게 느껴질 수도 있습니다.

하지만 기억해 주십시오. 하나님은 우리에게 발 딛고 선 이 땅을 돌보는 '신실한 청지기'가 되라고 하셨습니다. 겨자씨 한 알을 심고, 가루 서 말 속의 누룩처럼, 빛과 소금처럼 잠잠히, 누군가의 세상을 바꾸는 작은 변혁을 시작하라고 하셨습니다.

마지막 장을 덮으며, 이 책의 모든 내용이 머릿속 지식이 아니라 두 나라 시민으로서 맡은 청지기적 책임으로 이어지기를 바랍니다.

우리의 입술의 기도가 몸의 실천이 되어야 합니다. 하나님 사랑과 나라 사랑을 민주주의 안에서 이웃 사랑으로 실천하는 '사랑의 정치'를 선택하며, 진리와 정의, 사랑과 샬롬이라는 나침반으로 세상을 바라보는 '분별의 정치'를 배워갈 때, 우리는 관계와 공동체 안에서 '샬롬의 정치'를 이루어갈 수 있습니다.

또한 공동선을 위해 투표하고 서명하며 토론하고 정책을 제안하는 공적 참여를 감당할 때, 이러한 작은 걸음들이 모여 세상을 새롭게 하는 '변혁의 정치'로 이어질 것입니다.

이 모든 실천을 통해, 우리는 이 땅에서 하나님 나라를 조금씩 드러내게 됩니다. 여러분의 삶이 이 땅에 하나님 나라의 샬롬을 피워내는 거룩한 통로가 되기를 간절히 소망합니다.

두 나라의 시민 선언문

이제 『세상을 섬기는 하늘 시민』의 모든 여정을 마무리하며 결단하는 시간입니다. 기도하는 마음으로 빈칸을 채워보고, 공동체 안에서 소감을 나누며 서로를 축복해 줍시다.

**나는 하나님 나라의 시민이자 이 땅의 시민으로서
다음과 같이 하나님의 정치에 참여하겠습니다.**

두 나라 시민의 청지기적 책임의 정치

나는 이 땅의 청지기로 부름 받은 하나님 나라의 시민으로서, 사회에서 방치되고 깨어진 _____의 문제에 관심을 갖고 기도하겠습니다
예시) 고장 난 공공시설, 지역 아동센터 등

사랑의 정치

나는 나의 이웃, 특히 _____와(과) 같은 소외된 이웃을 사랑의 마음으로 사랑하고 섬기겠습니다.
예시) 자립준비 청년, 이주민 노동자 등

샬롬의 정치

나는 나와 정치적 견해가 다른 _____을(를) 만날 때, 정죄 대신 경청하며 샬롬을 이루겠습니다.

예시) 가족, 교회 성도, 직장 동료 ○○○ 등

분별의 정치

나는 정보를 접할 때, 분노나 편향이 아닌 네 가지 나침반, 특히 _____의 기준으로 분별하겠습니다.

예시) 진리, 정의, 샬롬, 사랑 중

변혁의 정치

나는 일상의 정치를 실천하기 위해 _____를 실천하겠습니다.

예시) 진실 검증 생활화하기, 적대적인 언어 사용하지 않기 등

_____년 _____월 _____일

_____ (인)

함께 할 수 있는 활동 1: 두 시민권

두 시민권의
균형 찾기

준비물: 전지, 두 가지 색상의 포스트잇, 필기도구

- 소모둠으로 모여서 둘러앉습니다. 인도자는 펜을 나눠주고, 전지에 저울을 그리도록 합니다. 저울의 왼쪽이 '하나님 나라 시민의 책임', 오른쪽이 '이 땅 시민의 책임'이라고 안내합니다.

- 각자 하나님 나라 시민으로서, 이 땅의 시민으로서 평소 자신이 하는 일을 구체적으로 생각해 포스트잇에 적습니다.

- '하나님 나라의 시민으로서 하고 있는 일'은 "하나님 나라 시민의 책임" 쪽에, '이 땅 시민으로서 하고 있는 일'은 "이 땅 시민의 책임" 쪽에 적습니다. 두 영역이 겹치는 경우, 경계에 붙여 통합적인 실천임을 나타내 주세요.

예시

하나님 나라 시민의 책임

- 주일 예배드리기, 새벽기도회 참석하기
- 나라과 위정자, 소외된 이웃을 위해 기도하기
- 성경 말씀에 비추어 오늘의 사회 이슈를 묵상하기
- 교회 봉사(찬양팀, 교사, 주차, 식당 등)
- 전도나 선교 참여하기 등

이 땅 시민의 책임

- 세금 내기
- 투표하기
- 지역사회 문제에 관심 두고 공청회 참여하기
- 경제적으로 어려운 어린이에게 후원하기
- 억울한 일을 겪고 있는 동료와 연대하기 등

- 두 시민권을 가진 신앙인으로서 현재 상태가 어떤지 나눕니다.

예시

- "저는 확실히 영적인 것들을 중요시해 왔어요. 투표도 안 하고, 지역사회에는 전혀 관심이 없었거든요."
- "반대로 저는 사회문제에는 관심이 많은데, 정작 개인기도 시간이나 말씀 묵상 같은 신앙 활동이 부족하네요."
- "저는 정치는 모르고 교회 일만 참여했다고 생각했는데, 막상 적어 보니 직장에서 불합리한 일들에 목소리를 내면서 공정한 일터 만들기에 참여하고 있었어요."
- "소외된 이웃과 민족을 위해 기도하는 것 등을 포함하니 두 영역이 겹치는 게 생각보다 많더라고요."

- 양쪽에 적은 것의 개수와 내용의 중요도를 고려해 저울이 균형을 이루도록 조정합니다. 한쪽이 너무 많으면 다른 색 포스트잇으로 "앞으로 실천할 일" 혹은 "실천하고 싶은 일"을 적어서 추가합니다.

- 각자 한 영역씩 이번 주에 실천할 구체적인 계획을 세웁니다.

하나님 나라 시민으로서 이번 주에 실천할 일	
이 땅의 시민으로서 이번 주에 실천할 일	

- 하나님 나라 시민이자 이 땅의 시민으로서, 두 시민권의 균형을 위해 이번 주에 실천할 일을 함께 나누고 서로 격려해 줍니다.

> 함께 할 수 있는 활동 2: 사랑의 정치

사랑의 정치,
단어로 실천하기

준비물: 인원별 단어 카드(10명의 경우, '하나님 나라' 연관 단어와 '민주주의 연관' 단어 각각 10개 이상), 인원별 A4 종이, 필기도구

- 소모둠으로 모여서 둘러앉습니다. 인도자는 '하나님 나라'와 '민주주의' 관련 단어 카드를 인원수에 맞게 준비합니다. 카드 한 장에 단어 하나씩 쓰여 있도록 준비합니다.

카드 단어 예시

| 사랑 | 소금 | 국가 | 투표 | 공동선 | 법치 |

- '하나님 나라' 연관 단어: 교회, 사랑, 평화, 섬김, 정의, 기도, 예배, 화해, 소금, 빛, 청지기, 책임 등
- '민주주의' 연관 단어: 국가, 정치, 시민, 자유, 투표, 책임, 인권, 정의, 평화, 화해, 공동선, 다수결, 참여, 연대, 토론, 법치 등

- 글자가 보이지 않게 바닥에 펼쳐놓고, 참여자가 '하나님 나라' 연관 단어 카드와 '민주주의' 연관 단어 카드를 각각 한 장씩 고르도록 합니다. 두 단어를 사용해 문장을 만드는 활동 취지를 설명합니다.

- 각자 받은 두 단어를 활용해 의미 있고 자연스러운 문장을 생각해 보고 A4 용지에 작성합니다.

  문장이 어색하거나 미완성이더라도 자신의 느낌과 생각을 자유롭게 표현하는 것이 중요합니다. 연결하기 어려운 단어 카드를 받았다면, 여분의 카드 중 다른 것을 고를 수 있습니다. 두 사람 혹은 팀이 함께 문장을 만들어도 좋습니다.

예시

'하나님 나라' 연관 단어 평화 , '민주주의' 연관 단어 시민

● "하나님 나라는 진정한 평화 를 이루는 곳이며, 민주주의 사회에서는 모든 시민 이 그 평화를 함께 만들어갈 책임이 있습니다."

'하나님 나라' 연관 단어 사랑 , '민주주의' 연관 단어 자유

● "하나님 나라의 사랑 과 민주주의의 자유 는 함께 어우러져 건강한 사회를 만듭니다."

- 모둠원 앞에서 자신이 만든 문장을 차례대로 읽으며 의미를 설명합니다. 두 단어를 연결할 때 어떤 생각이었는지, 우리 삶과 사회에서 어떻게 적용할 수 있을지도 함께 나누면 좋습니다.

- 활동을 마무리하며, 느낀 점과 배운 점을 자유롭게 나눕니다.

> 함께 할 수 있는 활동 3: 샬롬의 정치

샬롬의 광장 실습하기: 다문화 증가세, 어떻게 생각하세요?

우리 사회에 외국인 근로자와 유학생 등 외국인이 꾸준히 늘고 있습니다. OECD는 전체 인구의 외국인 비율이 5%가 넘으면 다문화 사회로 분류하는데, 그 기준에 따르면 한국은 곧 다문화 사회가 됩니다(2025년 기준 4.89%(약 250만 명)).

〈기독교인의 정치문화 형성과 지형 조사〉 결과에 따르면, 한국의 기독교인들은 우리 사회의 이주민과 다문화 가

• 이주민 및 다문화가정 증가와 우리나라 기독교의 위협(%) •

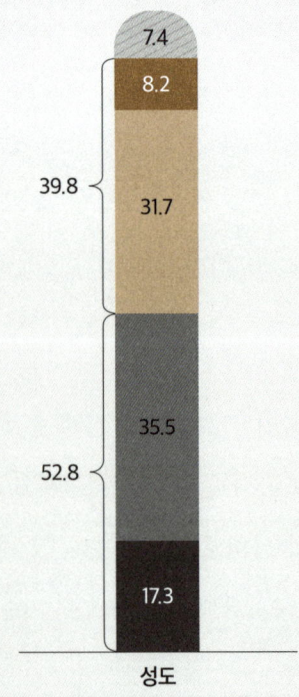

정의 증가에 대해 위협이 되지 않는다고 보는 경우가 절반
이 넘지만, 위협이 된다고 보는 경우도 적지 않았습니다(성
도: 위협이 되지 않는다 52.8%, 위협이 된다 39.8%).

찬반 토론 게임을 통해 서로 다른 입장을 이해하고 샬롬
의 광장을 만들어가는 연습을 해봅니다.

- 2-8명씩 소모둠을 구성합니다. 각 소모둠은 '위협이 된다'(위협팀)와
'위협이 되지 않는다'(비위협팀)로 개인 의견과 상관없이 무작위로 팀
을 나눕니다.

- 인도자는 각 팀의 관점에서 최선을 다해 논리를 펼쳐보도록 안내합
니다. 시간 배분은 각 교회의 상황에 맞게 조절할 수 있습니다.

- 팀원들은 15분 동안 각자의 주장을 뒷받침할 근거들을 마련합니다.
이때 감정적인 공격이 아니라 관련 성경 구절과 구체적인 예시, 사
례, 통계 데이터 등 객관적인 내용을 다양하게 준비하고 발표의 흐
름을 구성합니다.

- 이후 비위협팀과 위협팀이 서로 토론합니다. 인도자는 한두 사람이

발언 시간을 독점하지 않고 골고루 참여할 수 있도록 진행합니다.

- 1라운드: 팀별 입장과 근거 발표(팀별 10분)

- 2라운드: 반박 및 자유토론(총 15분)

- 3라운드: 마무리 발언(팀별 5분)

- 돌아가면서 다음 질문들을 중심으로 소감을 나눕니다.
  - 토론을 통해 새롭게 깨달은 점은 무엇인가요?
  - 상대방 입장에서 가장 설득력 있게 다가온 논의는 무엇이었나요?
  - 이 자리에 실제 이주민(외국인)이 참여했다면 어땠을까요?
  - 그리스도인으로서 이 문제를 어떻게 바라봐야 할까요?
  - 우리 교회는 다문화 사회에서 어떤 역할을 해야 할까요?

- 이번 활동을 통해 복잡한 사회 이슈를 다각도로 바라보고, 서로 다른 관점을 이해하며 성숙한 공론장 문화를 경험할 수 있습니다.

함께 할 수 있는 활동 4

분별의 훈련:
이 뉴스, 진짜일까? 가짜일까?

준비물: 뉴스 기사 샘플, 필기도구

- 4-5명씩 소모둠을 구성합니다. 인도자는 소모둠마다 샘플 기사를 하나씩 나눠줍니다('활동을 위한 샘플 기사' 활용).

- 각 소모둠은 인도자가 나눠준 샘플 기사를 꼼꼼하게 읽습니다.

- 10분간 토론하며, 이 뉴스가 '진짜'인지, '가짜'인지, '오해의 소지'가 있는지 판단해 체크(✓)하고 그 이유를 적습니다.

우리는 이 기사에 대해 이렇게 생각합니다.
☐ 진짜 뉴스   ☐ 가짜 뉴스   ☐ 오해의 소지가 있는 뉴스
이유: _____
_____

Tip. 분별을 위한 점검 도구

토론할 때, 네 가지 나침반(진리, 정의, 샬롬, 사랑)을 기억하며 보다 구체적으로 아래의 체크리스트를 활용해 보세요.

1. 진리의 나침반 이 뉴스는 '진실'을 말하는가?
- ✓ 출처는 분명한가? 신뢰할 수 있는 언론사인가? 공식 기관인가, 익명 보도인가?
- ✓ 비슷한 뉴스가 다른 매체에서도 보도되는가? 상반되는 정보를 언급하는가?
- ✓ 데이터 수치, 날짜, 장소, 기술적 세부 사항 등이 명확한가? 법원 판결 기록, 정부 발표 등 확인할 수 있는 내용인가?

✓ 제목이 내용을 과장·왜곡하지는 않는가? 전체 맥락과 상관없는 일부 내용만 제목으로 부각하지는 않는가?
✓ 주장과 의견을 마치 사실인 것처럼 표현하지는 않는가?

2. 정의의 나침반 이 뉴스는 '약자'의 편에 서는가?

✓ 누구의 목소리를 대변하는가?
✓ 이 뉴스로 소외되거나 고통받는 이웃은 없는가?

3. 샬롬의 나침반 이 뉴스는 '평화'를 세우는가?

✓ 제목이나 표현이 공포, 분노, 혐오 등 감정을 자극하는가?("충격", "최악" 등)
✓ 공동체의 대화를 돕는가, 아니면 분열을 조장하는가?

4. 사랑의 나침반 이 뉴스는 '사랑'으로 반응하게 하는가?

✓ 이것이 불의를 기뻐하지 않고 진리와 함께 기뻐하는(고린도전서 13:6) 모습인가?
✓ 이 정보가 나와 다른 사람을 정죄하게 하는가? 아니면 긍휼히 여기게 하는가?

- 모둠별로 기사를 소개하며 어떻게 생각하는지, 결정적인 판단 근거가 무엇이었는지 발표합니다.

- 인도자는 '인도자용 정답 및 해설'을 참고해 정답을 공개하고 이유

를 설명합니다.

- 정답을 확인한 후, 아래의 질문들을 함께 나누며 '분별의 정치'의 내용을 묵상합니다.

  - 분별이 흐려져 가짜 뉴스를 진짜라고 판단했거나, 그 내용에 분노나 두려움을 느꼈다면, 이유는 무엇일까요? 이처럼 우리의 감정을 자극하는 정보가 '샬롬의 나침반'을 어떻게 망가뜨리는지 나눠봅시다.

  - '진짜'와 '가짜', '오해의 소지가 있는 자료'를 구별하는 것이 어땠나요? 이 경험을 통해, 나와 다른 의견을 가진 사람을 대하는 우리의 태도에 무엇을 새롭게 느끼거나 생각하게 되었나요?

  - 우리가 판단했던 뉴스(진짜든 가짜든)를 '정의의 나침반'과 '사랑의 나침반'으로 다시 점검해 봅시다. 이 뉴스는 누구의 목소리를 대변하고, 누구를 소외시키나요? 그리스도인으로서 이 상황에 어떻게 사랑으로 반응할 수 있을까요?

활동을 위한 샘플 기사

기사 1

"[충격] 하버드 의대 양심 선언! "암은 사실 병이 아니다?" 매일 아침 '이것' 한 잔, 암세포 98% 자가 사멸!"

드디어 밝혀졌습니다! 하버드 의대 ○○○ 교수가 거대 제약회사의 협박에도 불구하고 양심선언을 했습니다.

연구팀은 '네이처 메디슨' 10월호에 기고하려다 거부당한 충격적인 논문에서, "노니, 강황, 레몬물 등에 있는 '커큐미노이드' 성분이 암세포의 먹이 공급원을 차단, 48시간 내 98%의 암세포가 스스로 사멸(Apoptosis)하는 것을 발견했다."고 밝혔습니다.

그는 "사실 암은 질병이 아니라, 우리 몸이 산성화되었다는 신호일 뿐"이라며, "매일 아침 공복에 '이것' 한 잔이면 값비싼 항암제 없이도 충분히 예방 및 치료가 가능하다."고 전했습니다.

이 정보는 거대 제약회사의 이익 때문에 그동안 철저히 숨겨져 왔습니다. 이 글이 삭제되기 전에, 사랑하는 가족과 지인들에게 널리 공유하여 모두가 건강을 되찾도록 합시다!

기사2

"[단독] 정부, '저출산 파격 대책' 드라이브… 셋째 출산 시 '수도권 아파트' 무상 제공 검토"

[○○일보 김○○ 기자] 정부가 현금성 지원 위주의 저출산 대책이 한계에 부딪혔다고 판단, 주거 문제를 직접 해결하는 파격적인 카드를 검토 중인 것으로 확인됐다.

여권 핵심 관계자에 따르면, 대통령실 저출산고령사회위원회는 최근 비공개회의에서 셋째 자녀 출산 가정에 대해 수도권 신축 공공분양 아파트(전용 59㎡ 기준)를 무상으로 제공하거나, 사실상 0%대 금리로 30년 장기 대출을 지원하는 파격 주거 안정 패키지를 논의했다.

이는 기존의 출산지원금이나 대학 등록금 감면 등 단기적 처방으로는 "이미 0.6명대로 떨어진 합계출산율을 반등시킬 수 없다."는 위기감에서 나온 고육지책으로 풀이된다.

○○정당 ○○○ 의원은 본지와의 통화에서 "나라의 미래가 걸린 문제"라며 "재원 마련이 어렵더라도 미래 세대를 위한 과감한 투자가 필요한 시점이며, 해당 정책을 긍정적으로 검토해야 한다."고 밝혔다.

한편, 야당 측은 "수십조 원이 들어갈 재원 대책이 불분명한 '총선용 포퓰리즘'"이라고 비판했다. 이에 대해 정부 관계자는 "재원 마련을 위해 '싱글세' 또는 '1인 가구 부담금' 도입 등 모든 가능성을 열어두고 논의 중"이라고 전해, 향후 격렬한 토론이 예상된다.

기사3

"○○시, 내년 '역대 최대' 예산편성… 미래 비전 실현"
[○○뉴스 ○○○ 기자]
추경예산 1조272억원 제출…당초예산 8500억 돌파
미 FDA 수출용 패류생산해역 하수처리장 설치 등 포함
재정자립도 13.6% 달성…사려 깊은 투자·예산 집행 지속

○○시는 ○○일 시의회 정례회에 2025년 결산추경 예산(안)과 2026년 당초예산(안)을 제출하며 역대 최대 규모의 재정을 운용할 준비에 나섰다.
예산편성을 통해 지역의 경제적·사회적 성장 동력 확보와 유지에 기여할 것으로 기대된다. 이번에 제출된 추경예산 1조272억원은 ○○시 역사상 최대 규모다.
이는 지역 기초 인프라 강화, 복지서비스 확충 등 다양한 분야에 걸쳐 다채로운 발전 프로젝트가 추진될 수 있는 계기가 마련됐다고 할 수 있으며, 지역 주민에게는 더 나은 생활환경을 제공하고 지역 경제 발전을 도모할 여건이 조성됐음을 의미한다.
이번 2026년 예산안에는 ▲기초연금 904억원 ▲생계급여 419억원 ▲노인일자리 151억원 등 주민의 삶의 질 향상과 지역사회의 지속가능한 성장을 위한 다양한 사업들이 대거 포함돼 있다.
이를 통해 시는 복지, 교육, 환경 등 다양한 분야에서 긍정적인 변화를 주도하고, 지역 경쟁력을 강화하는 데 힘쓸 예정이다.
시는 이번 예산안들이 지역사회에 실질적이며 긍정적인 변화를 가져다줄 수 있도록 지속적인 관심과 노력을 기울이고, 지역사회의 밝은 미래를 위해 최선을 다할 계획이다.

기사 4

[충격] "한국 청소년 절반, '이것' 없으면 불안"… 스마트폰 중독 '심각'

[○○일보 ○○○ 기자] 우리나라 청소년 2명 중 1명이 스마트폰이 없으면 불안감을 느끼는 '과의존 위험군'이라는 충격적인 조사 결과가 나왔다.

여성가족부와 한국지능정보사회진흥원(NIA)이 전국 청소년 1만 2천 명을 대상으로 실시한 '2024년 디지털 정보격차, 웹 접근성, 스마트폰 과의존 실태조사' 결과, 청소년의 42.6%가 '스마트폰 과의존 위험군'에 속하는 것으로 나타났다.

이는 전년 대비 2%p 증가한 수치이며, 코로나19 이후 미디어 사용이 일상화된 탓으로 분석된다. 과의존 위험군은 영화나 TV, 동영상을 가장 많이 이용했으며(98.6%), 게임도 90% 이상 이용률을 차지했다.

서울의 한 중학교 교사는 "쉬는 시간에도 아이들이 고개를 들지 않는다."며 "스마트폰 사용 문제로 친구 관계가 틀어지거나 수업에 집중하지 못하는 경우가 많아 학교 현장의 어려움이 크다."고 토로했다. ○○○ 상담심리학과 교수는 "청소년기의 과도한 스마트폰 사용은 뇌 발달 불균형과 우울증, 충동 조절 장애로 이어질 수 있다."며 심각성을 경고했다.

(…) "2023년 스마트폰 과의존 실태조사"에서는 청소년 응답자의 56.5%가 '스마트폰을 주기적으로 확인하지 못하면 불안하다.'고 답했다. 이 상태는 의학적 '중독'을 가리키는 것은 아니다. 질병관리청은 스마트폰 과의존이 스스로 스마트폰 이용에 대한 조절에 어려움을 겪는 상태를 가리킨다고 하였다. 미디어 활용 교육과 부모의 관심으로 충분히 개선될 수 있으며 노력에도 불구하고 일상생활에 큰 지장을 줄 경우 병원과 상담기관을 통해 도움을 얻을 수 있다고 정보를 제공했다.

인도자용 정답 및 해설

※ 모둠별 발표가 끝난 후, 정답과 해설을 공유하며 나눔 질문으로 연결해 주세요.

[기사 1] "[충격] 하버드 의대 양심 선언! "암은 사실 병이 아니다?" 매일 아침 '이것' 한 잔, 암세포 98% 자가 사멸!"

- **정답** ☑ 가짜뉴스
- **해설** '하버드', 'ㅇㅇㅇ 교수', '98%', '네이처' 등 권위와 구체적인 수치를 내세우지만, 실제 논문이나 출처가 없는 전형적인 가짜뉴스입니다.
- **분별 포인트**
  1. [권위 사칭] 공식 기관(병원, 식약처)이 아닌 출처 불명의 '연구팀'을 사칭합니다.
  2. [음모론] '제약회사가 숨겨왔다', '삭제되기 전에'라는 음모론과 긴급성을 포함합니다.
  3. '진리의 나침반'을 확인하는 습관은 신앙 외의 영역에서도 중요합니다. 우리는 권위(하버드, 교수)에 약하고, 자극적인 수치(98%)에 쉽게 현혹됩니다.

[기사 2] "[단독] 정부, '저출산 파격 대책' 드라이브… 셋째 출산 시 '수도권 아파트' 무상 제공 검토"

- 정답   ☑ 가짜 뉴스
- 해설   실제 사회 문제(저출산(저출생))와 그럴듯한 대안(아파트)을 섞어 사람들을 착각하게 만드는, 있을 법하지만 없는 사실입니다. '싱글세' 등은 과거부터 유명했던 가짜 뉴스입니다.
- 분별 포인트

1. [교차 검증] 다른 주요 언론사(KBS, MBC 등)가 보도하는지 확인이 필요합니다.

2. [감정 자극] '싱글세' 등 특정 집단의 분노를 유발하는 자극적인 키워드를 포함합니다.

3. 이 뉴스가 진짜이길 바라는 우리의 욕망이나 분노가 '진리의 나침반'을 왜곡하고 진실을 분별하지 못하게 할 수 있습니다. 예를 들어 '65세 이상 150만 원 기초연금 지원' 등 정부 혜택을 사칭하는 가짜 뉴스는 매우 흔합니다.

[기사 3] "통영시, 내년 '역대 최대' 예산편성…미래 비전 실현"

- **정답** ☑ 진짜 뉴스
- **해설** 실제 2025년 11월에 발표된 2026년도 통영시 예산안 내용입니다.
- **분별 포인트**

1. [사실적] '충격' 등 감정적 단어 없이 사실을 전달합니다.
2. [출처 명확] '○○시'라는 1차 출처가 명확합니다.
3. [수치 구체적] 1조272억 원, 904억 원, 151억 원 등 구체적인 수치를 제시합니다.
4. 이 뉴스를 '정의의 나침반'과 '사랑의 나침반'으로 볼 때, 노년층이라는 사회적 약자를 돌보는 이 정책에 대해 그리스도인으로서 어떻게 생각하고 기도할 수 있을지 생각해 볼 수 있습니다.

- **실제 기사 확인하기**

▶ "통영시, 내년 '역대 최대' 예산편성… 미래 비전 실현"(뉴스경남)[1]

[기사 4] "[충격] "한국 청소년 절반, '이것' 없으면 불안"… 스마트폰 중독 '심각'"

- 정답 ☑ 오해의 소지 (헤드라인 낚시)
- 해설 기사 내용 자체는 사실(실제 조사 결과)입니다. 하지만 '충격', '중독'이라는 자극적인 헤드라인이 오해의 소지를 낳습니다.
- 분별 포인트

1. [맥락 왜곡] 헤드라인만 읽으면 '50%가 중독'이라고 오해하기 쉽습니다. 가장 중요한 핵심(전문가 조언: "중독은 아니다.")을 기사 맨 마지막에 작게 배치하여 기사를 읽다가 중간에 이탈하는 독자들은 중요한 정보를 놓칠 수 있습니다.

2. 청소년 과의존위험군의 게임 콘텐츠 이용률은 일반군보다 9% 가량 높은 것이 사실이지만, 일반군이 가장 많이 이용하는 메신저 이용률이 97.3%, 영상 TV 이용률이 96.2%로 전반적으로 수치가 높은데 균형 있게 다루지 않음으로써 진리(전체 맥락)를 자극적으로 배치하여 진실(사실)을 오도하게 했습니다.

- 실제 자료 확인하기

▶ 2024년 디지털 정보격차·웹 접근성·스마트폰 과의존 실태조사 결과 발표(과학기술정보통신부)[2]

▶ 청소년의 디지털 과의존(질병관리청)[3]

> 함께 할 수 있는 활동 5: 변혁의 정치

변혁의 겨자씨 심기 워크숍

준비물: 모둠별 전지(혹은 큰 종이), 포스트잇, 필기도구

- 인도자는 이 활동이 '겨자씨'를 심어 작은 변혁을 만들어보는 '일상의 정치' 실천 계획 워크숍임을 안내합니다. 그리고 깨끗한 곳보다 정리되지 않은 곳이 더 위험한 상황이 된다는 '깨진 유리창 이론'처럼, 속한 공동체(교회, 일터, 학교, 동네 등)에서 방치되어 있거나 불의

하고 불편한 문제는 무엇이 있는지 각자 포스트잇에 적도록 합니다.

- 4-5명씩 소모둠으로 모여 포스트잇에 적은 내용을 공유합니다. 그 중에서 '함께 기도하며 실천해 볼 만한 구체적이고 작은 문제' 한 가지를 선정합니다.

예시

● "교회 앞 건널목 녹색 신호등 시간이 너무 짧아 어르신들과 아이들이 위험해요."

● "동네 공원에 쓰레기가 쌓여 있어서 비위생적이고 냄새가 나요." 등

- 선정한 문제를 해결하기 위해, '일상의 정치'를 어떻게 적용할 수 있을지 체크리스트를 통해 모둠별로 전지(혹은 큰 종이에) 구체적인 실천 계획을 세 가지 세워봅니다.

> **1. 사랑·정의 체크리스트**
> ✓ 이 문제로 가장 고통받는 작은 자(마태복음 25:40)는 누구인가?
> ✓ 이들의 목소리를 듣기 위해 공감하며 가장 먼저 해야 할 일은 무엇인가?
> 예시) 신호등 문제 → 유모차를 끄는 부모님, 어르신들과 인터뷰하기

2. 진리·분별 체크리스트

✓ 이 문제를 해결하기 위해 '진리의 나침반'으로 확인해야 할 사실은 무엇인가?
예시) 실제 신호등 시간이 몇 초인가? 법적 기준은 어떻게 되는가? 다른 동네는 어떠한가?

✓ 우리가 절대로 사용하지 말아야 할 부정직한 방법은 무엇인가?
예시) 가짜 뉴스, 혐오 발언

3. 청지기·샬롬 체크리스트

✓ "변화를 받아"(로마서 12:2) "섬기는 자"(마태복음 23:11)로서, 우리가 할 수 있는 가장 구체적이고 겸손한 실천은 무엇인가?
예시) 관련 서명운동, 관공서에 정중히 민원 제기하기, 어르신이나 어린이가 건널목을 건널 때 안전 봉사하기 등

- 각 소모둠의 계획을 발표합니다. 이 계획이 거창한 것이 아니라, 빛과 소금으로서 일상에서 변혁의 샬롬을 이뤄가는 거룩한 사명임을 확인합니다. 서로의 겸손한 실천(겨자씨)이 자라나 많은 이들이 와서 깃들여 쉴 수 있는 너른 품의 나무가 되기를 함께 기도합니다.

⟨ 더 깊은 묵상을 위해 읽어보세요 1 ⟩

교회의 정치 참여
역사 돌아보기

과거 우리나라에서 성경을 읽는 것조차 탄압받았던 시절이 있었습니다. 일제강점기에는 출애굽기의 해방 메시지나, 유신 시대 미가서의 선지자적 외침은 정치적 위협으로 간주되었습니다. 그러나 그때 교회는 단순한 종교 공동체에 머물지 않았습니다. '저항의 공동체'였으며, 고난의 역사는 한국 교회의 뿌리가 되었습니다.

역사 속에서 그리스도인들은 각자의 자리에서 시대의

요구에 응답해 왔습니다. 특히 한국의 그리스도인들은 고통과 희생을 감수하며 정치에 적극 참여했습니다. 일제강점기에는 민족의 독립을 위해, 한국전쟁 때는 자유를 지키기 위해, 군사 독재 시절에는 민주주의를 세우기 위해 교회와 신앙인들이 정치적 행동에 함께했습니다.

1919년 3·1운동 당시 기독교인은 전체 인구의 1%에 불과했지만, 독립선언 대표 33인 중 16명이 기독교인이었으며, 그밖에 독립운동 지도자와 참여자 중에도 기독교 신앙인이 많았습니다. 교회는 전국 조직망을 통해 항일운동을 지원하고, 독립선언서를 배포하며 민족의 목소리를 대변했습니다. 당시 그리스도인에게 신앙은 개인의 경건을 넘어 민족 공동체의 자유와 정의를 위한 공적인 책임의 의미를 부여했습니다.

1980년대 민주화 운동에서도 교회와 그리스도인은 인권과 민주주의를 위해 중요한 역할을 감당했습니다. 예배당은 억압받는 이들의 피난처였고, 민주주의를 향한 외침의 장이었습니다. 새벽마다, 예배당마다, 골방마다 드린 기도에는 나라와 민족을 위한 간구가 있었습니다.

물론 모든 신앙 공동체가 이렇게 적극적으로 세상에 참

여해 온 것은 아닙니다. 일부 교회와 지도자들은 권력과 결탁하거나 침묵함으로써 역사적 책임을 다하지 못했습니다. 이처럼 신앙과 정치의 관계는 시대와 공동체마다 다르게 나타납니다.

한국교회가 '적극적 참여'와 '침묵' 사이의 양면성을 보였다면, 신앙을 이유로 세상과 '철저한 분리'를 택한 공동체도 있습니다.

미국의 아미쉬 공동체는 지금도 정치에 거리를 두고 살아갑니다. 자동차 대신 마차를 타고, 전기도 쓰지 않으며, 세금과 정부 제도에도 협력하지 않습니다. 세상 권력과 폭력에 휘말리지 않고 하나님만 바라보겠다는 신앙적 이유에서입니다.

(좌) 민족대표 33인의 3·1독립선언 장면 기록화, (우) 캐나다의 아미쉬 공동체

세상을 섬기는 하늘 시민

그러나 오늘날 한국 사회에서는 아미쉬와 같은 철저한 분리가 현실적으로 불가능합니다. 우리는 교육, 복지, 안전, 환경 등의 모든 영역에서 정치의 영향을 피할 수 없습니다. 그렇기에 신앙인은 하나님 나라의 가치를 품고 책임 있게 정치에 참여하는 길을 택해야 합니다. 그 길은 하나님 나라의 사랑과 정의, 평화와 생명이 이 땅에 구현되도록 살아내는 소명입니다.

- ✦ 교회의 '예언자적 목소리'는 '정파성'과 어떻게 다르다고 생각하나요?
- ✦ 3·1 운동, 민주화 운동 등 역사적으로 한국교회 공동체가 감당했던 정치적 저항의 역할은 오늘날 어떻게 적용되어야 할까요?

> 더 깊은 묵상을 위해 읽어보세요 2

하나님 나라와 민주주의의 긴장과 접점

하나님 나라와 민주주의는 현실 속에서 때로 연결되고 때로 뚜렷하게 구분됩니다. 이 둘을 완전히 분리할 수는 없습니다. 하나님이 만드신 인간의 존엄은 민주주의가 보호하고자 하는 권리와 자유의 토대이기 때문입니다. 하나님 나라의 정의와 평화, 사랑과 생명은 민주주의가 추구하는 공동선과 접점을 가집니다.

• **하나님 나라와 민주주의의 차이점과 공통점** •

	하나님 나라	민주주의
차이점	• 하나님의 주권과 뜻(정의, 사랑, 평화, 생명)에 기초 • 이미 시작되었으나 아직 완성되지 않음 • 성도가 공동체 안에서 섬김과 책임으로 참여 • 새 하늘과 새 땅의 궁극적 회복이 목적	• 시민 주권과 자유, 평등, 참여, 다수결에 기초 • 불완전한 제도 속 점진적 개혁 • 시민 참여와 절차적 합의를 통해 형성 • 공동선과 정의로운 사회 추구
공통점	• 인간 권력 집중 거부 • 은사에 따른 구성원 참여와 책임을 통한 공동체 형성 • 인간 존엄, 정의와 평화, 사랑과 생명, 공동선의 실현, 사회적 약자 보호 추구 • 불완전하지만 더 나은 방향을 지향	

성경도 이러한 만남을 증언합니다. 미가 선지자는 이렇게 외쳤습니다.

사람이 주께서 선한 것이 무엇임을 네게 보이셨나니 여호와께서 네게 구하시는 것은 오직 정의를 행하며 인자를 사랑하며 겸손하게 네 하나님과 함께 행하는 것이 아니냐(미가 6:8).

하나님이 원하시는 정의와 사랑, 겸손은 민주주의가 존

중하는 자유, 평등, 공동선과 맞닿아 있습니다. 하나님 나라와 민주주의라는 두 질서는 단순히 분리된 것이 아니라, '긴장 속의 연대'를 이룹니다. 하나님 나라는 민주주의를 초월하지만, 동시에 그 안에서 그 가치를 구현할 수도 있습니다.

하나님 나라는 민주주의를 통해 이 땅에 부분적으로 실현되고 있으며, 민주주의 또한 하나님의 보편적 은혜 안에서 하나님의 뜻을 반영하는 도구로 사용될 수 있습니다.

이 땅에서 하나님 나라를 이루어가는 방식은 강제적 권력이나 일방적 방식이 아니라, 사랑과 정의, 섬김, 그리고 이 땅의 방식, 곧 민주주의 원리로 실현됩니다. 미국에서 흑인 해방 운동에 앞장선 마틴 루터 킹 목사나 남아프리카의 데스몬드 투투 목사의 화해 운동처럼 말입니다. 우리는 이 땅의 시민으로서 민주주의 제도를 존중하되, 소외되기 쉬운 사회적 약자의 목소리에 힘을 더하고, 다수의 뜻이 하나님의 뜻과 일치하는지 분별해야 합니다. 민주주의는 인간 번영과 사회 정의에 이바지하지만, 절대화될 수 없기 때문입니다.

✦ 교회 공동체가 어떻게 더 나은 민주주의에 기여할 수 있을까요?

✦ 민주주의는 어떻게 하나님 나라의 가치(진리, 생명, 사랑, 정의, 평화)를 드러낼 수 있을까요?

주

4장

1   유창엽, "지난달 파키스탄 무슬림들의 기독교인 공격 발단은 '사적 모략'," 연합뉴스, [게시 2023.09.04.], https://www.yna.co.kr/view/AKR20230904159900077.

2   "[사설] 교계가 가짜뉴스의 온상이 되어선 안 된다," 기독신문, [게시 2025.02.04.], https://www.kidok.com/news/articleView.html?idxno=500263.

3   한국기독교사회문제연구원, <개신교인의 미디어 이용 실태 및 인식 조사>, 2023년 9월 15일부터 27일까지 전국 만 19세 이상 기독교인 1천 명(교회 출석자 852명, 가나안 성도 148명) 대상. 관련 기사: 김진영, "개신교인 70% "가짜뉴스 때문에 교회 부정 인식 증가"," 기독일보, [게시 2024.01.10.], https://kr.christianitydaily.com/articles/121072/20240110/%EA%B0%9C%EC%8B%A0%EA%B5%90%EC%9D%B8-70-%EA%B0%80%EC%A7%9C%EB%89%B4

B4%EC%8A%A4-%EB%95%8C%EB%AC%B8%EC%97%90-
%EA%B5%90%ED%9A%8C-%EB%B6%80%EC%A0%95-
%EC%9D%B8%EC%8B%9D-%EC%A6%9D%EA%B0%80.htm.

5장

1 '매우 보수'는 본인의 정치 성향을 보수로 선택한 응답자 중 '2024년 1월 19일 서부지법 유치장 사태'를 국민저항권 행사로 인식한 경우로 분류함. '매우 진보'는 본인의 정치 성향을 '매우 진보'로 선택한 응답자를 기준으로 분류함.

함께 할 수 있는 활동

1 이상규, "통영시, 내년 '역대 최대' 예산편성… 미래 비전 실현," 뉴스경남, [게시 2025.11.13.], https://www.newsgn.com/news/articleView.html?idxno=516278.

2 과학기술정보통신부, "2024년 디지털 정보격차·웹접근성·스마트폰 과의존 실태조사 결과 발표," 대한민국 정책브리핑, [게시 2025.03.27.], https://m.korea.kr/briefing/pressReleaseView.do?newsId=156681128#pressRelease.

3 질병관리청, "청소년의 디지털 과의존," 질병관리청, [접속 2025.11.20.], https://health.kdca.go.kr/healthinfo/biz/health/gnrlzHealthInfo/gnrlzHealthInfo/gnrlzHealthInfoView.do?cntnts_sn=6624#.

세상을 섬기는 하늘 시민

초판 1쇄 발행 2025년 12월 15일

기획 한국교회 희망 프로젝트
엮은이 김지혜
펴낸이 임성빈
책임편집 김지혜

임프린트 크리쿰북스
주소 03721 서울시 서대문구 성산로 527(대신동), B1
전화 02-743-2535 **팩스** 02-743-2532
이메일 cricumorg@naver.com

펴낸곳 문화선교연구원
등록 2002년 8월 21일 제25100-2012-000053호

한국교회 희망 프로젝트 cricum.com/bh2030_main
문화선교연구원 cricum.com

ISBN 978-89-967383-8-1 04230
ISBN 978-89-967383-3-6 (세트)

ⓒ 한국교회 희망 프로젝트 2025

* 크리쿰북스는 문화선교연구원의 단행본 출판 브랜드입니다.
* 이 책은 저작권법에 따라 보호를 받는 저작물이므로 무단전재와 무단복제를 금합니다.
* 이 책 내용의 전부 또는 일부를 이용하려면 반드시 한국교회 희망 프로젝트의 동의를 받아야 합니다.